저 많은 돼지고기는
어디서 왔을까?

TABERUTTE DONNAKOTO?
by Koyu Furusawa

ⓒ Koyu Furusawa 2017

All rights reserved.
Originally published in Japan by HEIBONSHA LIMITED, PUBLISHERS, Tokyo

Korean translation rights arranged with HEIBONSHA LIMITED, PUBLISHERS, Japan
Through SHINWON AGENCY, Korea
Korean translation copyright ⓒ Nasimsabooks 2022

나의 한 글자 08

[식]

저 많은 돼지고기는 어디서 왔을까?

식량위기 시대 잘 먹는다는 것에 대해

후루사와 고유(농학박사) 지음 **형진의** 옮김

나무를 심는 사람들

《녹색평론》 발행인 김종철 선생님은 이런 말씀을 남기셨습니다. "세상의 이치라는 것이 근본적으로 저마다 누군가의 밥이 되어야 돌아가게 되어 있습니다. 지금 우리가 누군가의 밥이 되지 않고 저 혼자 먹으려고만 하니 세상이 지옥이 되어 가고 있는 겁니다. 그러니까 우리가 밥의 정신으로 돌아가야 합니다. 내가 먼저 누군가의 밥이 돼야 한다는 거지요. 농사를 짓는 농부를 우리가 도와서, 농민들에게 우리가 밥이 돼 줘야 해요. 그리고 농민은 우리들을 위해서 밥이 되고요. 이런 식으로 순환을 계속해야 합니다.

우리는 다른 생명을 먹음으로써 몸을 만들고 삶을 영위할 수 있습니다. 또한 우리도 다른 생명의 먹이가 됩니다. 생명의 울타리 안에서 우리는 먹을거리를 매개로 세상 만물과 상호 의존하며 살아갑니다.

마트에 넘쳐나는 값싼 농산물들, 맛있게 조리되어 편리하게 배달되는 많은 음식들은 이런 사실을 잊게 만듭니다. 우리가 누리는 편리와 풍요는 자연의 질서를 넘어선 인류의 위대한 성취로 여겨지기도 합니다. 농업 생산을 비약적으로 발전시킨 녹색혁명, '공업화된 농업'이 대량생산과 풍족한 소비를 가능하게 만들었습니다.

몇몇 농식품 거대기업들이 주도하고 무역을 통해 작동하는 '전 지구적인 생산-소비 시스템'이 독일의 돼지고기를, 칠레의 포도를 사시사철 밥상에 오를 수 있게 해 주었습니다.

하지만 오늘의 편리와 풍요는 한편으로 허술하고 취약합니다. 현재 인류가 먹는 먹을거리는 30여 종의 작물과 대여섯 종의 가축으로 축소되었습니다. 조류 독감이나 구제역이 돌면, 살아 있는 수많은 생명들이 살처분됩니다. 지역마다 각종 동식물들의 다양성으로 유지되던 음식 문화와 건강한 생태계가 취약해졌기 때문입니다. 패스트푸드와 육식 위주의 서구식 식생활은 비만, 당뇨 등 생활 습관병으로 우리의 건강을 위협합니다. 어떤 나라에서는 버려지는 음식이 넘쳐 나는데, 어떤 나라 사람들은 굶주림에 허덕입니다. 커피나 설탕같이 부자 나라 사람들이 즐기는 기호품들을 생산하기 위해 식량 작물 재배를 포기했기 때문입니다.

또한 인류의 먹을거리와 농업을 지탱해 오던 소농과 가족농이 더 농사를 짓기 어려운 처지에 내몰리고 있습니다. 식량 위기가 주기적으로 반복되면서 가난한 나라 사람들은 고통 받고 식량 자급률이 낮은 나라는 곤경에 처합니다. 미래는 더 암울합니다. 기후 위기로 농업 생산이 해가 갈수록 불안정해지고 있습니다. 러시아의 우크라이나 침공 같은 국제 정세도 우리의 밥상 물가를 흔듭니다. 세계 최대 밀 경작지인 두 나라에서 밀 생산을 멈추고, 석유 등 원자재 가격의 폭등이 곡물 가격으로 이어지고 있기 때문입니다. 30%도 안 되는 식량 자급률을 가진 우리도 더 이상 바다 건너 남의 일만으로 치부할 일이 아닙니다.

수만 리 밖에서 온 농산물들이 우리 땅에서 나는 것보다 값이 싸다면, 거기에는 생태 환경이나 가난한 사람들의 희생 같은 석연치 않은 이유가 있기 때문일 것입니다. 일부 식품 기업과 국가 들이 생산을 독점하고, 많은 사람들이 거기에 일방적으로 의존하는 푸드 시스템은 더 이상 지속 가능하지 않아 보입니다.

먹을거리를 거울 삼아 세상을 성찰하는 이 책의 출간이 반갑기만 합니다. 인간이 깃들어 살아가는 생명의 세계, 먹을거리를 둘러싼 오늘의 세계 질서, 우리가 일구어가야 할 건강한 삶을 궁리하는 후루사와 고유 선생님의 친절하면서도 깊이 있는 해설에 감사드립니다. 선생님의 생각을 따라 읽으며 이런 생각이 들었습니다. 인류가 오랜 세월 생태계의 순환 질서에 기대어 살아온 것처럼, 자연과 공생하며 뭇 생명들이 상호 의존하는 삶의 모습을 다시 설계해야 할 때라고. 얼마 전 돌아가신 김지하 시인의 시가 떠오릅니다.

> 넓은 세상 드넓은 우주
> 사람 짐승 풀 벌레
> 흙 물 공기 바람 태양과 달과 별이
> 다 함께 지어놓은 밥
>
> 아침저녁
> 밥그릇 앞에
> 모든 님 내게 오신다 하소서
> —〈님〉중에서

윤형근(한살림소비자생활협동조합연합회 전무)

추천사

안녕하세요. 지금부터 '먹는다는 것'에 대해 여러분과 함께 생각해 보려고 해요. 여러분은 오늘 무엇을 먹었나요? 아마 무언가를 먹었겠지요. 내일도 무언가를 먹겠지요. 우리는 매일매일 무언가를 먹습니다. 왜 이렇게 계속 먹어야 할까요?

안 먹으면 죽잖아요

그렇지요. 하루나 이틀 동안 먹지 않는다고 당장 죽지는 않지만 여러분이 생각하는 것처럼 살기 위해서는 먹어야 해요. 평소 밥이나 반찬을 먹을 때 매번 '살기 위해서' '목숨을 이어 가기 위해서'라고 생각하진 않지만, 음식은 여러분의 몸을 바꾸고 에너지가 되어 여러분의 생명을 지탱하고 있어요.

별로 실감이 나지 않아요

이런 경험 없나요? 점심을 먹은 후 수업 시간에 졸리거나 반대로 배가 고프면 집중력이 떨어진 경험, 너무 배가 고파 휘청거리다가 밥을 먹었더니 기운이 난 경험, 감기에 걸려 몸이 안 좋을 때 음식을 삼키기 어려웠던 경험, 차가운 음식을 너무 먹어서 배탈이 나거나 기름진 음식을 너무 많이 먹어 속이 거북했던 경험이 있지요?

그런 적 많아요

음식과 몸 상태는 매우 밀접하게 연관되어 있어요. 상한 것을 먹으면 식중독에 걸리고 최악의 경우 생명을 잃을 수도 있지요. 체하거나 식중독에 걸리는 일은 위생 상태나 사람들의 영양 상태가 좋지 않을 때 종종 일어나요. 요즘도 가끔 집단 식중독이나 노로바이러스 감염이 일어나서 화제가 됩니다.

또 복어나 일부 버섯처럼 독이 있는 먹을거리도 있지요. 음식은 살아가는 데 꼭 필요한 것이지만 경우에 따라서는 위험을 동반하기도 해요. 어떤 것에 독이 있는지 어떻게 하면 먹을 수 있는지를 알기 위해, 옛날부터 사람들은 엄청난 노력과 수고를 아끼지 않았습니다.

현재의 영양학에서는 영양소 면에서 식품을 여러 종류로 나눠서 주식인 밥이나 빵 등의 곡류, 반찬인 고기나 생선, 달걀, 콩 등의 단백질을 많이 포함하는 식품, 여기에 여러 종류의 채소를 균형 있게 적당히 먹는 것이 좋다고 하지요.

고기나 생선은 몸을 만들고, 곡류는 에너지가 되고, 채소는 균형을 잡아 줘요

네, 분명히 균형 잡힌 식사를 규칙적으로 하면 몸 상태가 좋아집니다. 영양 면에서 보아 필요한 음식을 너무 적지 않게, 또 너무 많지 않게 적당량 먹는 것이 여러분의 생명을 지탱하고 건강을 유지하는 데 중요한 것은 틀림없어요.

　그러나 '영양＝물질적인 것'이라는 생각은 먹는 것을 둘러싼 하나의 측면에 지나지 않아요.

무슨 뜻인가요?

맛있는 것을 먹으면 행복한 기분이 들거나, 배가 고프면 예민해져서 화가 나거나, 우울할 때 좋아하는 과자를 먹으면 조금 기분이 좋아지기도 하지요. 먹는다는 것은 기분과도 밀접하게 연관되어 있어요.

먹을거리의 성분 때문인가요?

물론 그런 측면도 있어요. 소풍 때 도시락을 먹거나, 여럿이 함께 바비큐 파티를 열어 시끌벅적 재미나게 먹는 밥은 특별히 맛있지 않나요? 귀엽게 생긴 과자를 먹을 때 더 재미나고 맛도 더 있는 것처럼, 영양이나 성분만이 아닌 무언가가 먹을거리에는 있는 것 같습니다.

사회적인 관습에도 그런 측면이 있어요. 설날에는 떡국을 먹는 풍습이 있지요. 추석에는 조상님께 차례를 지내고 송편을 먹는 등 먹을거리와 연관된 연중행사나 풍습이 지금도 이어지고 있습니다. 먹는다는 것은 우리 몸을 유지하기 위한 성분만이 아니라 우리의 마음과도 연관되고 조상 대대로 이어지는 풍습과도 연관되어 있지요.

먹는다는 것에 여러 의미가 있었네요

네, 실은 인간은 먹는다는 것과 숭고한 관계를 만들어 왔어요. 명절에 특별한 식사를 하는 것도 음식과 사람과의 관계를 이어 줘요. 연중행사에서 각각의 특별한 음식을 먹는 것도 먹을거리에 대한 이와 같은 관계를 보여 줍니다.

이런 풍습이 지역 특유의 식문화를 만들어 왔어요. 전국 각지에는 향토 음식이 있어서 반찬이나 국도 다양해요. 해외에서는 인도의 카레, 이탈리아의 파스타, 유럽 각지의 치즈, 와인이나 맥주 등도 지역성과 깊은 관련이 있는 음식들이지요.

결혼식이나 장례식, 신년회나 송년회, 환영회나 송별회 등의 행사에서는 모두가 모여 함께 먹습니다. 또 같은 직장에서 함께 고생한 동료를 가리켜 '한솥밥을 먹는 사이'라고 하지요.

먹는다는 것은 단순히 먹어서 영양이 되는 데 그치지 않습니다. 지역에 이어져 내려오는 사람들의 생활, 역사와 문화가 겹겹이 쌓인 연결 고리 안에서 여러 생명이 각자의 몸 안에 흡수되어 생명이 이어지고, 다시 여러 형태로 변합니다. 먹는다는 것에는 여러 생명이 연쇄된 세계가 숨어 있어요.

　이 책에서는 그 깊고 넓은 행위로서 먹을거리의 모습, 생명의 순환 속에서 우리들이 살아가는 모습을 살펴보려고 해요. 여러분이 살고 있는 이 세상의 신비로움, 그것의 기본이 되는 '먹는다는 것'에 대해 여러 측면에서 생각해 보기로 해요.

　우선은 생명의 연쇄부터 이야기할게요.

일러두기

- 본서에서 인용한 자료들은 모두 일본의 사례입니다.
- 61, 67, 68, 87, 153, 171쪽은 우리나라의 자료를 추가하여 설명하였습니다.
- 66쪽 식량 자급률과 관련해서 나라마다 다른 방식을 사용하기도 합니다.
  우리나라는 사료용 곡물 포함 여부에 따른 총 생산량을 기반으로 측정하고
  일본은 식품 칼로리와 생산액을 기반으로 하여 측정합니다.

1

우리는
생명을
먹는다

우리가 먹는 것은
모두 생명체에서 온다

무슨 뜻이에요?

네, 무슨 의미인지 설명할게요.

우리가 먹는 모든 먹을거리는 물과 소금 이외에는 모두 생물입니다. 밥, 시금치 된장국, 햄버거의 재료를 예로 들어 볼게요.

밥

밥은 쌀로 만들지요. 쌀은 벼 이삭의 껍질을 벗긴 알맹이이기 때문에 식물이고, 생물의 일부예요.

시금치 된장국

된장은 콩과 소금으로 만들어요. 콩은 식물의 열매이므로 생물의 일부지요. 된장국의 육수는 다시마나 멸치 등을 우려서 사용하는데 다시마는 바다에 사는 식물, 멸치는 작은 생선이기 때문에 생물입니다. 시금치도 식물이니까 생물이지요.

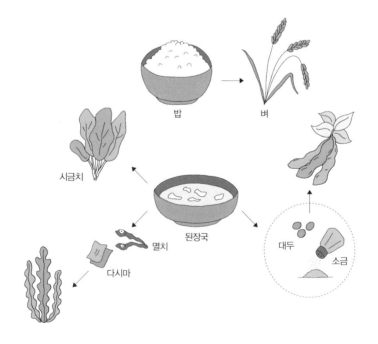

햄버거

빵은 밀가루, 설탕, 버터, 소금, 이스트로 만들어요.

밀가루는 밀의 열매를 가루로 만든 것이고, 설탕은 사탕수수나 사탕무 등 식물의 당분을 졸여서 결정체를 만듭니다. 원래는 식물이기 때문에 이것도 생물이지요.

버터는 우유의 지방분을 세게 흔들어 굳힌 것이에요. 우유는 '소'라는 생명체의 젖이기 때문에 생명체의 일부입니다.

이스트는 효모균의 일종인 미생물이에요.

햄버거의 패티는 다진 소고기와 소금, 후추, 넛맥 등의 향신료를 넣고 치대어 만듭니다. 소고기는 '소'라는 생물에서 왔고, 후추와 넛맥은 식물의 씨앗이에요. 햄버거에는 패티 외에도 양상추나 양파, 토마토를 넣을 수도 있는데 모두 식물이지요.

케첩은 토마토, 양파 등의 채소, 월계수 잎 등의 향신료, 식초, 설탕을 넣고 끓여서 만들어요. 채소도 향신료도 설탕도 원래는 식물이었습니다. 식초는 쌀을 누룩으로 발효시키고 다시 초산균으로 발효시켜 만듭니다. 모두 생물이에요.

머스터드소스를 바를 수도 있겠네요. 머스터드는 십자화과 식물인 겨자의 씨앗과 식초, 소금으로 만들어요. 소금 이외는 모두 생물입니다.

우리가 먹는 것은 모두 생명체에서 온다

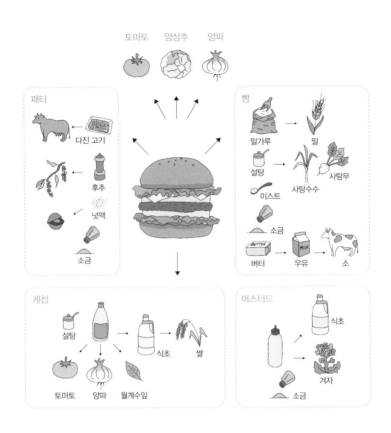

토마토   양상추   양파

패티

다진 고기

후추

넛맥

소금

빵

밀가루 → 밀

설탕 → 사탕무

사탕수수

이스트

소금

버터   우유   소

케첩

설탕

토마토   양파   월계수잎

식초   쌀

머스터드

식초

겨자

소금

많이 있네요. 갑자기 배가 고파요

네, 음식 재료에는 정말 많은 것들이 포함되어 있어요. 밥과 된장
국, 햄버거 이 세 가지만 보더라도 많은 재료로 만들어진 것을 알
수 있지요. 그리고 물과 소금 이외는 모두 원래 식물이나 동물이

나 미생물, 즉 생물이었다는 것도 알 수 있어요. 미생물까지 생각하면 우리는 엄청나게 많은 생물을 먹고 있는 것이지요.

다음은 생명이 있는 생물이었던 먹을거리를 우리가 어떻게 소화, 흡수하는지 간단히 보기로 해요. '소화'는 '동화'라고도 말하는데, '동화'는 '나와 같은 것으로 합성한다'는 의미예요. 동화의 과정은 매우 섬세하고 신비롭습니다.

소화한다는 것은
자기 몸과 같은 것으로 만든다는 거네요

그렇지요, 소화의 과정을 순서대로 따라가 볼까요?

먼저 입안에서 꼭꼭 씹혀진 음식은 침과 섞여 위로 보내집니다. 침에는 소화 효소와 살균 물질이 포함되어 있어서 잘 씹는 것은 매우 중요해요.

위에서는 연동 운동이라고 불리는 근육의 움직임에 의해 음식과 위액이 섞여 4시간 정도에 걸쳐서 부드러운 상태로 만들어져요. 위액은 강한 산성으로 음식에 붙어 있던 세균(미생물)이나 바이러스를 죽입니다.

소장에서는 먼저 소화 효소 성분이 있는 담즙이랑 췌액을 섞어 더 많은 소화액을 분비해서 음식을 아미노산, 포도당, 지방산 등의 분자로 분해해 흡수해요. 6미터나 되는 소장에서는 7시간 정도에 걸쳐서 음식의 대부분을 분해해 수분과 영양을 흡수합니다. 또 병원체를 발견해서 무력화시켜요. 이런 소화 과정을 거쳐 입으로 섭취한 음식물이 여러분의 몸과 하나로 합성되어 동화되는 것이지요.

대장에서는 소장에서 소화되지 않은 섬유질 등을 분해해 수분을 제외하고 칼슘이나 철, 나트륨 등의 미네랄을 흡수하고 남은 찌꺼기를 변으로 만들어 몸 밖으로 내보낼 수 있도록 합니다. 나중에 이야기하겠지만 대장에는 세균이 많이 살고 있어서 변에는 음식물의 찌꺼기와 비슷한 무게의 장내 세균과 또 장내 세균의 양만큼 위나 장에서 떨어져 나온 세포가 포함되어 있어요. 좋은 상태의 변은 수분 80%와 고형분 20%이기 때문에 남는 찌꺼기, 장내 세균과 몸의 세포가 차지하는 비율은 각각 6.6% 정도입니다.

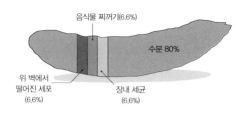

음식물 찌꺼기(6.6%)

수분 80%

위 벽에서
떨어진 세포
(6.6%)

장내 세균
(6.6%)

| 대변의 구성 |

그렇게나 많은 장내 세균이나 몸의 세포가
변으로 배출되나요?

그렇습니다. 흔히 말하는 음식물이 소화, 흡수되고 나머지가 변으로 나온다는 것과는 다르지요.

채소나 과일은 소화가 잘 되고 고기는 소화가 잘 안 되지요. 음식을 변으로 배출하기까지의 과정은 음식에 따라 다른데, 전체적으로 소화에는 약 24~72시간 정도 걸려요. 흡수된 영양분은 혈관을 통해 간으로 옮겨지고 거기서 조정을 거쳐 온몸으로 보내지지요. 우리 몸은 치밀하게 굴러가는 화학 공장같이 작동하고 있답니다.

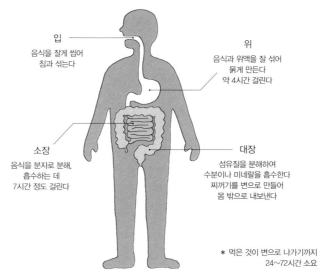

입
음식을 잘게 씹어
침과 섞는다

위
음식과 위액을 잘 섞어
묽게 만든다
약 4시간 걸린다

소장
음식을 분자로 분해,
흡수하는 데
7시간 정도 걸린다

대장
섬유질을 분해하여
수분이나 미네랄을 흡수한다
찌꺼기를 변으로 만들어
몸 밖으로 내보낸다

＊ 먹은 것이 변으로 나가기까지
24~72시간 소요

소화, 흡수는 대단히 힘든 과정이네요

그래요. 돼지고기나 생선, 채소 등은 먹기 전에는 여러분과는 별개의 생명체였어요. 이것들을 이루고 있던 물질을 분자 수준까지 분해하지 않으면 여러분의 몸의 일부로 받아들일 수 없어요. 이질적인 것을 동화시키기 위해서는 탄수화물은 전분과 포도당 등의 단당류로, 지방은 지방산과 글리세린으로, 그리고 단백질은 아미노산으로 세밀하게 나눔으로써 마침내 흡수해서 재조립할 수 있는 것이지요. 체내로 받아들인 분자는 신체의 기관이나 체액이 되기도 하고 에너지원이 되는 분자가 되어 오래된 분자와 교체되면서 여러분의 몸을 만듭니다.

이렇게 매일 음식을 먹고 분해해서 받아들이는 것을 반복해서, 혈액의 경우 대개 1주일 정도에 체내 혈액 전부의 분자가 교체돼요. 즉 여러분의 몸 안의 혈액은 매주 새롭게 교체된다고 할 수 있어요. 근육이나 피부, 내장 등의 세포는 몇 개월에서 1년 정도면 대부분의 분자가 교체됩니다. 여러분의 신체라는 시스템은 이렇게 생명을 유지하기 위해 필요한 물질을 내보내고 받아들이면서 늘 일정한 상태를 유지해요.

신체의 모든 분자가 조금씩 계속 교체된다고요?

네, 음식을 계속 먹음으로써 새로 교체되는 거예요. 마치 옷뿐만 아니라 팔과 다리를 교체할 수 있는 관절 인형처럼 우리들의 신체 자체도 계속 교체됩니다.

뭔가 좀 이상해요, 나는 대체 무엇일까요?

신체의 구성 요소는 수분이 대략 60~70%, 단백질과 지방이 10~20%, 나머지는 미네랄과 탄수화물이에요. 신체의 대부분을 차지하는 수분은 매일 2~3리터의 물(식품에도 포함되어 있습니다)을 흡수하여 땀이나 소변, 대변 등으로 거의 같은 양이 나옵니다.

여러분이 섭취하는 수분 중 큰 부분을 차지하는 수돗물은 강이나 호수, 지하수 등을 통해 공급되고, 채소나 과일의 수분은 땅에 스며든 빗물을 빨아올린 것이에요. 우유나 고기, 달걀의 수분도 소나 돼지, 닭 등이 섭취한 물입니다. 여러분이 신체로 받아들이는 물은 모두 거슬러 올라가면 빗물이에요. 다시 말하면 자연 속에서 물이 순환하는 한끝에 여러분의 몸이 있고, 그곳을 물이 채소나 과일, 우유나 고기 등의 다양한 형태로 통과하는 것입니다.

물도 먹을거리도 나도 분자 크기의 레고로 만들어져 있어서, 계속 서로의 조각이 교체되는 거네요

우리가 먹는 것은 모두 생명체에서 온다

그렇지요. 물 분자나 지질이나 당질, 단백질의 분자가 부속품처럼 어떤 때는 인간의 신체를 형성하고, 어떤 때는 소나 돼지를 형성하고, 어떤 때는 채소나 과일이나 나무를 형성하고 있는 식이지요. 이렇게 보면 분자가 레고 하나하나의 조각이라고도 생각할 수 있어요.

그렇지만 분자는 다른 분자와 조합하여 변화하거나 그 장소에서 다양한 역할을 하고 있습니다. 그래서 분자의 역할을 물질이 들어오고 나가는 것만으로 생각하는 것은 충분하지 않아요. 분자의 움직임 속에서 생물의 세계가 형태를 이루고, 거기서 들어오고 나가는 것이 생명입니다.

생명이란 무엇일까?

뭐가 생명이라고요? 또 어려워지네요

생명이란 무엇인지 인간은 아직 파악하지 못하고 있어요. 모두 파악할 수 없으니 어려운 것이지요. 생물학자인 후쿠오카 신이치는 변화해 가는 모습으로 생물이 존재하는 양상을 '동적 균형'이라는 말로 설명했어요. 어떤 환경 속의 분자가 한때 어느 개체에 머물며 생명을 유지하고 있고, 생명은 끊임없이 새롭게 변하는 흐름 속에 있다는 이론이에요. 흐름 속에서 절묘한 균형이 생기고 안정된 모습을 만들어 내는 상태(동적 균형)가 나타난다는 것이에요. 생명에 대한 흥미로운 견해입니다.

| 우리 몸은 먹는 행위를 통해 대지와 자연의 순환의 일부를 담당하고 있다 |

계속 이동하는 물질 속에서
균형을 유지하고 있는 것이 생명이라고요?

그런 판단도 가능하다고 생각해요. 무엇이 생명인가 하는 것은 접어 두고라도 지구상에 생명이 붙어 있는 모든 것이 흐름 속에서 균형을 유지하고 있는 것은 사실이에요. 예를 들어 일정한 양 이상을 계속 먹으면 위장이 고장 나거나 비만이 되지요. 반대로 음식 섭취가 계속 부족하면 영양실조가 되어 쇠약해지고 생명의 위기를 맞게 돼요. 물도 마찬가지입니다. 또 필요량 이상의 산소를 흡수하면 뇌 기능에 나쁜 영향을 미쳐요. 공기를 들이마시고 내쉬는 것도 거의 일정한 양을 유지해서 평형 상태를 유지하는 것이지요.

그런 의미에서 물질의 순환, 생명의 순환은 지구상의 생명 전체의 순환이고, 좀 과장되게 말하면 우주 전체의 긴 물질의 역사에서 우리는 먹거나 마시거나 숨을 쉼으로써 지구상의 물질을 내 안에 받아들여 나 자신을 만들어 가는 거예요. 다른 말로 하면 우리 신체는 먹는 행위를 통해 대지와 자연의 순환의 일부를 담당하고 있어요.

먹는다는 것은 생태계 속에 존재하는 생명으로서 생명이 순환하도록 하는 것, 다른 생물들과 공존하는 관계를 지속하는 것입니다. 어떤가요? 끝없는 우주의 한 끝과 이어져 있다고 생각하면 먹는다는 것이 뭔가 숭고한 것처럼 생각되지 않나요?

먹는 행위가 생명의 순환이라고요?
설명을 들어도 잘 모르겠어요

이야기가 너무 커진 것 같군요. 다시 우리 주변 이야기로 돌아가 볼까요? 주인공은 앞에서 나온 된장국과 햄버거 재료에서 등장했던 미생물입니다.

　지구상의 생명은 40억 년 전쯤 바다 속에서 태어난 것이 시작이라고 여겨지고 있어요. 지금도 해양 생물 전체의 50~90%를 미생물이 차지하고 있다고 추정되지요. 또 지상에서도 식물이나 포유류, 파충류, 곤충류 등의 생물을 모두 합쳐도 눈에 보이지 않는 미생물들의 수보다 적다고 해요.

　인간의 몸을 이루고 있는 세포 수는 약 37조 개인데 거기에는 약 100조 개나 되는 세균이나 진균이 붙어살고 있어요. 체내에서 세균의 밀도가 가장 높은 대장 속에는 1ml의 내용물에 지구상의 전체 인구 수(약 79억, 2022년 4월 기준)를 웃도는 세균 수가 있어요.

　최근 미생물 세계와 관련된 여러 발견으로 세계관이 달라지고 있어요. 생물 세계의 중심은 눈에 보이지 않는 미생물로 이루어져 있고, 그들이야말로 매우 큰 역할을 하고 있어서 우리들 인간이나 대형 동식물은 그 역할들을 기반으로 생명을 이어 가고 있다는 것입니다. 이는 지구가 중심이고 태양이 회전한다는 '천동설'에서 지구가 태양의 주위를 회전한다는 '지동설'로 세계관의 대전환이 일어난 것과 비교될 만큼 생물 세계의 성립에 대한 획기적인 생각입니다.

그와 같은 화제를 불러일으킨 『흙과 내장: 미생물이 만드는 세계』(데이비드 몽고메리David R. Montgomery, 앤 비크레Anne Bikle 공저)라는 흥미로운 제목의 책에서, 흙 속의 식물 뿌리와 인간의 장이 닮았다고 저자는 말합니다.

식물은 흙 속에 뿌리를 내려 영양분을 흡수하지요. 한 그루의 뿌리에는 거미줄만큼 가는 뿌리털이 수백만 가닥 나 있고, 뿌리털 덕분에 뿌리와 흙이 접촉하는 표면적은 매우 넓어요. 식물은 그 뿌리털에서 미생물의 먹이가 되는 영양이 풍부한 액을 조금씩 배어 나오게 해 거기에 많은 미생물이 모이지요.

뿌리 주변에 모여든 미생물은 양분을 얻는 한편, 흙 속의 양분을 분해해 주기 때문에 식물이 흡수하기 쉬워집니다. 또 모여든 미생물이 증식이 되면 식물에게 병의 원인이 되는 미생물은 증식하기 어려워집니다. 이렇게 해서 서로에게 좋은 관계가 형성되는 것이지요.

식물과 미생물이 서로가 내놓는 좋은 물질을 알아차리고 서로 확인하며 관계를 쌓아 가는 모습은 마치 좋은 친구가 되는 과정과 같아요. 뿌리털과 미생물은 서로에게 응답하듯이 행동하고 점차로 관계를 깊게 하며 서로 돕게 돼요. 이런 관계를 '공생'이라고 하는데 식물과 미생물은 안정된 공생권을 만들고 있는 것입니다.

이렇게 식물의 뿌리와 미생물이 공생 관계를 만들어 가는 모습은 인간의 장 속의 모습과 똑같다고 『흙과 내장』의 저자는 말해요.

인간의 장 속에는 몇 조 개나 되는 미생물이 살고 있어요. 무게는 1~2kg이나 되는 양으로, 세포 수로 생각하면 장의 세포의 몇

대장의
단면

| 식물과 미생물이 공생권을 만들고 있다 |　　　| 인간과 미생물이 공생권을 만들고 있다 |

배나 되는 숫자예요.

장의 안쪽은 가는 털 같은 돌기로 빽빽이 덮여 있어서 마치 식물의 뿌리에 나 있는 뿌리털같이 표면적을 넓혀 분해된 음식을 흡수하기 쉽게 되어 있습니다. 그뿐만이 아니라 장의 세포에서 분비되는 액을 먹이로 삼는 미생물도 살고 있다고 해요.

장 안에 살고 있는 균을 장내 상재균이라고 합니다. 이 균들은 장의 세포와 서로 영향을 주고받으면서 외부에서 들어온 음식물을 소화, 흡수하는 데 다양한 역할을 해요. 공생의 작용을 하여 여러분의 건강을 유지하고 있는 것입니다. 가끔 병을 일으키는 미생물이 증가하면 배탈이 나기도 하지만 평상시에는 매우 안정되어 있어요.

착한 균, 나쁜 균을 말하는 거지요?

장내 세균류의 모습은 최근에 겨우 연구가 진행되고 있는데 알기 쉽게 '착한 균(유익균)' '나쁜 균(유해균)' 그리고 '중간 균(착한 균이나 나쁜 균 어디에도 속하지 않는 균)'으로 부르기도 합니다. 그 균들의 비율은 2:1:7 정도라고 해요. 장내의 다양한 미생물이 균형을 유지하며 안정되어 있어야 건강한 상태입니다.

이 장내 미생물과의 공생 관계는 우리들 한 사람 한 사람이 키

생명이란 무엇일까?

운 것이에요. 아기가 태어났을 때는 무균 상태입니다. 갓난아기의 대변이 처음에는 노랗고 냄새도 거의 없는 것은 그 때문이에요. 점점 엄마의 피부나 모유, 주변으로부터 균이 들어와 장내의 공생 관계가 생겨 대변다운 대변이 되어 가지요. 변은 음식물의 찌꺼기 와 미생물, 위장의 세포가 모여 덩어리가 된 것이라고 했지요? 음 식물이 흘러드는 장 속의 미생물들의 세계도 늘 교체되면서 안정 을 유지합니다.

외국에 가게 되면 장 속의 변화를 체감하지요. 외국에서는 우선 섭취하는 물에 주의를 하지요. 조금만 방심하면 배탈이 나는데 몇 주에서 몇 개월 정도 지나면 음식물과 친숙해지면서 맛있게 느껴 지고 배 속의 상태도 안정됩니다. 장의 세균들이 교체되는 것이지 요. 외부 환경에 따라 내부 환경도 익숙해지면 그 지역의 음식을 먹고 물을 마셔도 더 이상 배탈이 나지 않아요. 배가 그 풍토에 순 응하지 않으면 그곳에서 튼튼하게 건강을 유지하기 어렵습니다. 장 속의 미생물이 바깥 세계와 나의 신체 사이에서 중요한 역할을 하는 것입니다.

미생물이 중개 역할을 하네요

네, 식물의 뿌리 주변이나 인간을 포함한 동물의 장내에 있는 미생물은 외부 세계와 중개하는 역할을 함으로써 식물이나 동물과 공생 관계를 구축하고 있어요.

장 속의 세균들이 형성하고 있는 생태계가 우리의 건강에 깊이 연관되어 있다는 연구가 최근에 활발히 이루어지고 있어요. 장내 세균의 균형이 깨지면 비만이나 알레르기, 고혈압, 심장병 등의 순환기 질환이나 암, 천식, 우울증 등 다양한 병의 원인이 될 수 있다는 연구가 나오고 있습니다.

최근에는 약이나 항생 물질로는 치료가 어려운 장염 증상을 개선하는 '분변 이식 요법'이라는 새로운 치료법도 개발되고 있어요. 건강한 사람의 균형 잡힌 장내 세균을 이식해 환자의 장내 환경을 개선하는 치료법이지요.

다른 사람의 대변을 장 속에 넣는다고요?

네, 감염증 등의 유해한 균이 없다고 확인된 변을 사용해요. 냄새 나는 것에는 뚜껑을 덮어 버리는 시대에서 냄새 나는 것의 효용을 연구하는 시대가 되었어요.

알다시피 세계적으로 대단히 맛있다고 평가받는 음식에는 스웨덴의 청어 절임이나 유럽의 치즈 등 몹시 냄새가 심한 것들이 많이 있어요. 모두 미생물이 작용하는 발효 식품입니다. 된장이나

37

청국장, 요구르트 등도 미생물들이 열심히 만든 식품인데 맛있을 뿐 아니라 우리들의 건강을 지켜 주지요.

이제 다른 주제로 이야기를 옮겨서 식생활을 둘러싼 세계로 시야를 넓혀 보겠습니다. 자연과의 관계를 깊게 이어 가면서 마치 인간이 장내의 미생물 같은 역할을 하는 분야가 있어요. 그것은 농업입니다.

어떻게 농업이 우리 사회에서 장내 세균과 비슷한 역할을 하는지, 다음 장에서는 거기서부터 이야기를 시작할게요.

2
농업과
인간의
관계

농업의 역할

농업이 우리 몸속 장내 세균 같다고요?

그래요, 산과 들의 자연과 인간 사이를 이어 주는 영역으로 농경이나 목축이 있다는 의미입니다. 식물의 뿌리나 인간의 장에서 미생물의 먹이가 되는 것을 분비해서 미생물이 살기 좋은 환경을 만드는 것을 앞에서 이야기했지요. 그렇게 해서 자리를 잘 잡은 미생물은 다시 식물이나 동물이 영양분을 흡수하기 쉽게 합니다. 미생물이 바깥세상과 중개하는 역할을 하여 공생 관계를 유지하고 살아가는 것입니다.

신기해요

농경에서는 땅을 일구고 잡초를 제거하거나 작물이 흙 속의 양분을 보다 많이 흡수할 수 있도록 좋은 성분의 흙을 만들기도 하며, 계절에 맞게 씨를 뿌리거나 모종을 심고 물을 주는 등 작물이 성장하기 좋은 환경을 만들어요. 또한 햇빛이나 기후 등 자연의 힘을 이용하면서도 자연에 사람의 손길을 더함으로써 보다 많이 보다 맛있는 작물을 안정적으로 수확할 수 있게 합니다. 목축에서는 가축에게 먹이를 주며 사육해서 고기를 쉽게 많이 얻을 수 있게 하면서 동시에 동물의 젖을 얻는 것도 가능해졌어요.

재배되는 쌀이나 밀 등의 곡물, 채소나 과일 등의 작물은 야생의 것들과는 달리 먹을 수 있는 부분이 많고 영양가도 높아요. 또 재해나 기상 이변 등에 의해 수확량이 늘거나 줄기는 해도 어느 정도는 계획적으로 수확할 수가 있어요. 또 가축을 기르면 야생동물을 사냥하지 않아도 안전하게 지속적으로 보다 맛있는 고기와 우유를 얻을 수 있고요.

농업은 있는 그대로의 자연에 인간이 인위적으로 자연의 혜택

| 자연을 잘 이용해 혜택을 이끌어 내는 농업은 식물의 뿌리 주변이나 장 속의 미생물과 비슷한 역할을 하여 자연과 인간이 공생할 수 있게 한다 |

을 최대한 많이 끌어내는 역할을 해요. 농업은 '인간이 먹는 것=생명의 양식'을 자연에서 보다 많이 끌어내는 행위로 인간과 자연 사이를 훌륭하게 이어 주는 중개자예요. 즉 식물의 뿌리 주변이나 동물의 장 속에 있는 미생물과 비슷한 역할을 하는 것입니다.

농업의 역할

인간이 농업을 통해 식량을 얻는 것과 뿌리나 장에서
미생물이 영양분을 흡수하기 쉽게 해 주는 것이 비슷하네요

네, 이렇게 생각하면 미생물이나 농업의 역할에 의해 우리는 살아가고 있다, 미생물이나 농업을 중개자로 해서 자연과 인간은 공생하고 있다고 이해할 수 있지요.

목축에 대해 덧붙이자면 광활한 초원이나 황무지 등에서 인간은 소화시킬 수 없는 풀을 가축의 도움을 받아 먹게 되는 측면이 있어요. 사육하는 소나 양, 산양 등에게 땅에 가득 나 있는 풀을 먹이고 우유나 고기 등의 식량을 얻을 수 있는 것 외에도 가죽이나 털도 이용할 수 있어요.

가축은 영어로는 라이브스톡(livestock)이라고 하는데 말 그대로 살아 있는(live) 저장·비축(stock)인 것입니다. 일상적으로 이용하면서 동시에 여러 상황에 대비해 저장해 두는 살아 있는 소중한 비축물이지요. 가축은 축제 때 먹거나, 기근이나 전쟁 때 비축 식량으로 특별한 역할을 했습니다.

인간이 먹을 수 없는 풀을 동물에게 먹여서
인간의 먹을거리로 한다는 발상이 새로워요

그렇지요. 있는 그대로의 자연에서 충분한 먹을거리를 얻기는 힘들어요. 지혜를 짜서 예측할 수 없는 불확실한 자연을 잘 이용하여 자연의 혜택을 이끌어 내는 수단으로 인간은 농업을 발전시켰습니다.

농업이라는 식량 생산의 방법을 터득한 것은 인간의 역사에 결정적인 변화를 가져왔어요. 농업의 힘으로 먹을거리를 보다 많이 얻고, 남은 식량을 비축할 여유도 생겨 안정된 생활을 할 수 있게 되면서 문화가 탄생했어요. 농업은 영어로 어그리컬처(agriculture)라고 해요. 원래의 의미는 'agri=밭', 'culture=배양하다'인데 '컬처'는 '문화'라는 의미도 됩니다. 농업과 문화가 깊이 관련되어 있다는 것을 나타내지요. '입을 것과 먹을 것이 풍족해야 예절을 안다'는 속담이 있는데 문화는 여유가 생기고 나서 비로소 육성되는 것입니다.

그런데 농업의 힘을 획득한 인간은 생활을 안정시켰지만 세계 역사를 살펴보면 모두가 행복해졌다고는 할 수 없어요. 남는 식량을 모두가 나눠 가지면 좋았겠지만 그렇게는 되지 못했고, 식량을 쌓아 둘 수 있게 되면서 부의 쟁탈이나 독점이 생겨났어요. 끼리끼리는 어떻게든 타협을 하지만 다른 집단과 다툼이 발생하고 그것을 해결하는 권력자가 나타나면서 복잡한 사회가 되었어요.

이런 식으로 사회가 만들어지면서 남는 식량을 토대로 마을이

농업의 역할

나 도시가 생겨나고 시장이나 상인이 탄생해서 현재까지 이어지고 있어요.

농업이 있어서 사회가 생겨난 거네요

그렇지요. 현재의 도시 문명에 이르는 역사의 근원에는 인간이 농업을 시작한 것과 깊은 연관이 있습니다.

농경의 기원을 보면 대략 1만 년 전에 지구상의 몇몇 지역에서 각각 독자적으로 식물 재배나 동물의 가축화가 이루어졌다고 해요. 자연과 조화를 이루며 작물이나 가축을 기르는 농업은, 재배하는 식물(작물)이나 사육하는 동물(가축)을 선택하고 도구를 사용하거나 작물에 적합한 토지를 만드는 등 계절에 따라 다양한 지혜와 기술이 필요하지요.

살아가는 기반을 안정적으로 만들기 위해 인간이 식량 생산 체계로 발전시킨 것이 농업이에요. 나아가 생산된 식량의 조리법이나 가공, 보존 방법 등 농경을 중심으로 하는 다양한 지혜가 서로 연결되면서 성장, 발전하고 각지에서 복합적인 문화가 성립, 전개되어 왔다고 알려져 있어요.

예를 들어 왕토란·사탕수수·바나나 등을 중심으로 발전한 열대 아시아의 뿌리채소 문화, 동부콩·피 등을 중심으로 발전한 아프리카 사바나의 콩·잡곡 문화, 밀·보리 등을 중심으로 한 메소포타미아의 문화, 감자·호박·옥수수 등을 중심으로 한 아메리카 대륙 문화, 아시아가 기원이라고 알려진 쌀 문화 등이 있어요. 각각의 기후 풍토나 작물에 맞춘 농업을 토대로 한 먹을거리와 깊숙이 결합한 문화가 만들어졌지요.

이렇게 다양하게 꽃핀 문화는 서로 대립하기도 하고 융합하기도 하면서 보다 큰 문화를 형성했어요. 또 종교나 언어, 관습 등도 한데 모아져 큰 집합체로 결합해 고대 문명을 형성했어요. 모든 초기의 문화 발전 과정에서 농업이 큰 힘을 발휘한 것입니다.

예를 들어 한국, 일본 등 동아시아에서는 수렵과 채집을 중심으로 식량을 얻은 고대 문명이 이행되는 과정에 논농사 기술이 역할을 했던 것은 분명합니다. 사람들은 나무열매나 버섯 등을 채집하거나 사슴이나 멧돼지를 잡고 물고기와 조개류를 잡아서 먹었지요. 채집이나 사냥, 물고기를 잡기 좋은 장소를 찾아 이동하며 적합한 장소에서 부락을 이뤄 살았는데 그 집단의 규모는 몇 가족 정도인 경우도 있고 수백 가족 규모인 경우도 있었다고 해요.

그러던 중에 수전 경작이라는 농업 기술이 들어오면서 사람들은 논이나 수로를 만들어 정주하는 부락을 만들게 되었어요. 또 농업 용구나 금속 용기 등이 개량되고 쥐나 동물의 피해를 막아 많은 수확물을 저장하기 위한 바닥이 높은 창고도 만들게 되었지요. 집단의 규모를 확대해 마을이 생기고 보다 큰 집단(나라)도 생겨났어요. 또 무기를 만들어 전쟁도 하게 되었는데, 적의 침입을 막기 위해 마을 단위로 담을 쌓기도 하고 주거지 주변에 해자를 파서 방어하는 생활 양식이 출현한 것도 잘 알려져 있습니다.

엄청난 변화네요

다만 논농사의 보급은 저수지나 하천의 개량, 수로 정비 등의 확산과 함께 서서히 진행되었어요. 한국이나 일본은 삼림 면적이 전체의 70% 가까이 차지하기 때문에 논농사와 함께 산간 지역에서는 밭작물로 보리, 조, 피, 메밀 등의 잡곡도 오랫동안 중요한 식량이었습니다.

　작물을 기르기 위해서는 물과 영양분이 필요한데, 논에는 산이나 강에서 끌어오는 물에 아주 적은 양이지만 영양분이 포함되어있고, 그런 물이 항상 공급되기 때문에 어지간한 기상 이변이 없는 한 안정된 양을 수확할 수 있어요. 그 때문에 쌀은 다른 잡곡과는 다른 취급을 받았습니다. 마을에서는 논에 끌어오는 물을 잘 배분하는 것이 매우 중요해서 물이 부족할 때는 물을 둘러싼 싸움으로 사람이 죽기도 했어요. 그래서 싸움을 중재하는 역할로 권력을 가진 통치자가 활약할 수 있었던 것입니다.

논농사에서 물 관리가 필수적이었네요

네, 이런 식으로 논농사를 중심으로 한 동아시아의 문화가 형성되었어요. 한국과 일본, 중국은 쌀 중심의 문화인데 근대 이전에는 쌀의 수확량으로 그 지역의 능력을 평가했고, 세금도 쌀로 징수하는 등 쌀은 경제의 중심적인 위치에 있었어요. 오랜 역사에서 쌀은 특별한 지위에 있었다고 할 수 있습니다. 제사나 종교적 행사에서도 쌀은 빼놓을 수 없지요.

농업은 단순한 생산 기술만이 아니라 남은 식량의 이용이나 관리, 분배의 방법을 위한 사회적인 조직의 발전도 가져왔어요. 오늘날의 정치, 경제, 사회, 문화 발전의 밑바탕에 농업 기술의 발전이 있다고 할 수 있지요.

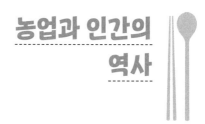

농업과 인간의
역사

인류 역사에 농업의 영향이 컸네요

고대만이 아니라 농업은 인간의 역사에 크게 영향을 미쳤어요. 현
대로 이어지는 역사의 흐름을 보다 큰 관점에서 보면, 고대에서
중세에 걸쳐서 아프리카 대륙과 유라시아 대륙에서는 광범위하
게 각 지역의 문화가 서로 영향을 주고받으며 교류하면서 발전했
어요. 한편, 대서양과 태평양이라는 커다란 바다를 사이에 둔 남

북 아메리카 대륙에서는 독자적인 문화나 문명(마야, 아스텍 등)이 발전했지요. 남북 아메리카 대륙에서의 농경과 관련한 격동의 역사를 간단히 소개해 볼게요.

중세 이후 세계는 그때까지의 지역적인 연결에서 보다 확대되었어요. 15세기의 '대항해 시대'를 맞이하여 유럽의 영향력이 점점 커지는 흐름 속에서 세계는 일체화를 향해 갔어요. 그 시대를 연 하나의 큰 사건이 '신세계' 아메리카와 '구세계' 유럽과의 만남이었어요(여기서 '신'과 '구'라는 말은 유럽에서 본 시각입니다).

그러나 유럽의 정복에 의해 느닷없이 신세계가 된 아메리카 대륙에 살던 사람들이나 생태계에는 매우 비참한 결과를 가져왔습니다. 세계적인 베스트셀러인 『총, 균, 쇠』라는 흥미로운 책에서 저자 재레드 다이아몬드가 자세히 소개하고 있는데, 직접적인 전투로 죽은 사람보다 더 많은 수가 유럽 사람들이 들여온 전염병으로 목숨을 잃었고, 아메리카 대륙에 살던 선주민 인구는 20분의 1로 줄었다고 해요.

믿을 수 없어요

하나는 가축의 영향을 들 수 있어요. 인간은 가축과 오랜 교류를 하며 가축에서 유래하는 병원균에 대해 면역력을 갖게 되어 쉽게 병에 걸리지 않게 되었어요. 말하자면 가축과 함께 눈에 보이지 않는 병원균도 키운 거지요. 가축이 지닌 병원균에 대한 면역이 생기면서 더욱 더 공생 단계로 진입했다고 할 수 있어요.

가축은 아니지만 동물과 관계있는 전염병으로는 쥐 등으로부터 전염되는 페스트균에 의한 흑사병이 있어요. 이 병의 유행으로 과거에는 사람들이 대량으로 사망한 일이 여러 차례 있었어요. 오늘날에도 조류 독감이 발생하면 사람에게 감염되는 것을 걱정하는데 가축과 공생하는 데는 이렇게 위험도 도사리고 있습니다.

유럽이 아메리카 대륙을 '발견'했을 당시 유럽이나 아시아에서는 소, 돼지, 양, 산양, 말 등의 가축이나 가축화된 새를 기르고 있었는데 아메리카 대륙에는 한 종류(라마와 알파카)밖에 없었어요. 유럽에서 많은 사람이 신대륙으로 건너오면서 가축을 기르는 생활에서 인간이 걸리게 된 전염병도 같이 들어왔기 때문에 면역력을 갖지 못한 선주민은 병원균에 노출되어 큰 피해를 입게 된 것입니다.

한편 유럽 각지에는 아메리카 대륙에서 재배되던 진귀한 작물들이 급속히 퍼져 먹을거리들이 매우 다양하고 풍요로워졌어요. 당시 유럽의 주된 작물은 몇 종류의 보리, 콩, 채소, 과일 등이었지만 신대륙에서 재배되고 있던 토마토, 옥수수, 감자 등이 이때 전해졌습니다. 저먼 포테이토로 잘 알려진 감자, 이탈리아 요리에서 빼놓을 수 없는 토마토도 이 만남으로 유럽에 전해진 것입니다.

그때까지 이탈리아 요리에 토마토는 사용되지 않았나요?

맞아요. 감자와 비교해 칼로리가 거의 없는 토마토는 아메리카 대륙에서 전해진 것으로 당시에는 관상용이었어요. 산미를 살려서 조미료나 소스로 처음 이용한 것이 이탈리아 사람입니다. 유럽의 식물학자가 토마토에 붙인 이름은 '리코페르시콘=늑대의 복숭아'였는데 이탈리아 사람들이 '포모도르=황금 열매, 황금 사과'라고 부르며 보급시킨 것이지요.

이밖에도 당시 아메리카 대륙에서 전해진 작물에는 고추, 호박, 고구마 등이 있어요. 감자는 아일랜드에서도 주식이 되었고, 옥수수는 아프리카에서 주식이 되었습니다. 고추는 지중해에서 동아시아까지 널리 사용되었지요. 한국의 김치에는 고춧가루를 빼놓을 수 없는데 중남미가 원산지입니다. 아메리카 대륙이 원산지인 작물은 유라시아 대륙을 경유해 아시아에도 많이 전해졌어요.

반대로 아메리카 대륙으로 전해진 작물도 있나요?

있어요. 밀이나 양배추 등 유라시아 대륙에서 전해진 작물이 아메리카에 정착했습니다. 전통적인 멕시코 요리에도 유럽이나 아랍이 원산지인 소(고기)나 돼지(고기), 양파, 마늘을 빼놓을 수 없지요.

대항해 시대 후에도 유럽 여러 나라들의 침략과 함께 작물이나 식재료의 세계적인 교류가 진행되었습니다. 에티오피아가 원산지인 커피나 인도의 후추 등도 브라질에서 광범위하게 재배되고

| 15세기 '대항해 시대' 이후 아메리카 대륙이 원산지인 토마토, 감자, 고구마, 호박, 옥수수, 고추 등이 유럽, 아시아, 아프리카 대륙으로 전해졌고, 유럽이 원산지인 밀, 마늘, 양파, 양배추, 소, 돼지 등이 아메리카 대륙으로, 또 아프리카 대륙이 원산지인 커피 원두, 인도가 원산지인 후추가 아메리카 대륙으로 전해져 각각의 지역의 식문화에 포함되었다 |

있지요. 대항해 시대를 계기로 각각의 지역에서 재배되어 온 작물이나 식재료가 급속하게 세계 각지로 보급된 것입니다.

마늘, 토마토, 고구마 등이 평범한 채소라고만 생각했는데 그런 역사가 있었군요

네, 세계적인 교류가 증가하면서 지구상의 각 지역으로 확산된 작물은 각각의 토지 특유의 식문화에 녹아들어 지역화되었습니다.

식재료가 식문화를 바꾼 거네요

사람이나 정보의 이동이 빈번해진 오늘날에도 전 세계의 다양한 지역에서 새롭게 유입된 작물을 자유롭게 재배하고 사용하며 각각의 독자적인 식문화를 유지하고 있어요. 아시아의 여러 나라들도 19세기 이후 유럽의 영향과 제2차 세계 대전 이후의 경제 성장, 그리고 20세기 후반부터 본격화된 세계화의 확산 속에서 식생활도 다양해지고 발전했어요. 그런 가운데서도 특히 한국, 일본, 중국에서는 쌀을 주식으로 하면서 발효 조미료를 잘 사용하고 햇빛 건조 등의 방법을 사용하며 동아시아권 식문화의 특징을 유지하고 있습니다.

다음 장에서는 식생활에 초점을 맞춰서 지역과의 관계에 대해 깊이 들어가 보도록 하겠습니다. 우선은 지금 우리는 어떤 음식을 먹고 있는지 구체적으로 살펴보는 것부터 시작할게요.

3
우리는
어떤 것을
먹고 있나?

매일 먹는 식재료는 어디서 만들어져 얼마를 이동해 왔을까?

한번도 생각해 보지 않았어요

앞에서 먹을거리는 모두 생명이 있는 것이라고 이야기했지요. 여기서는 급식 메뉴를 예로 들면서 각각의 식재료를 처음 생산하는 곳까지 거슬러 올라가 볼게요. 우리가 매일 먹는 식재료는 어디서 어떻게 만들어지고 얼마만큼의 거리를 이동해 왔을까요?

실제의 급식에는 더 많은 식재료가 사용되지만 간단히 예를 들어 보겠습니다.

오늘의 급식

- 밥
- 돼지고기 간장볶음(돼지고기, 생강, 간장, 맛술, 곁들임 채소 : 양배추, 토마토)
- 단호박조림(단호박, 다시마, 간장, 맛술)
- 된장국(된장, 멸치, 두부, 미역, 파)
- 우유

밥의 재료인 쌀은 마트나 쌀가게에서 백미라는 이름으로 판매되고 있어요. 그전에는 도매업자→농협→농가, 이런 식으로 최초의 생산자, 즉 대지의 혜택을 먹을거리로 수확해 준 사람에게 도달하게 됩니다. 쌀은 농촌 어딘가에 있는 논에서 온 것이니까요.

농가에서 수확한 쌀겨가 붙어 있는 쌀은 대부분 각 지역의 시설에서 대형 기계로 쌀겨를 벗겨 현미로 만들어요. 현미를 정미해서 백미로 만든 것을 봉지에 담아 판매합니다. 급식에서 사용되는 쌀은 거의 100% 국내산이에요.

돼지고기는 마트나 가게에서는 썰어서 판매하지요. 썰거나 다진 고기를 '정육'이라고 해요. 소매 가게는 도매업자에게 정육을 구매합니다. 도매업자는 식육 시장에서 돼지(소도 마찬가지예요)의 지육(머리나 내장을 분리하고 기본 손질만 한 상태의 고기)을 구입해 뼈를 발라내어 정육으로 만들어요.

지육이 되기 전에는 살아 있는 돼지였지요. 산 돼지는 도축장에서 도축, 해체되어 지육이 됩니다. 그 공정을 간단히 소개할게요.

돼지와 소 모두 살아 있는 상태에서 운반되어 수의사가 한 마리씩 검사해서 이상이 없는지 확인해요. 그 후 기절시켜서 피를 뽑고 머리와 네 다리의 끝을 절단해서 내장을 꺼내고 가죽을 벗기는 공정을 거쳐 등뼈를 따라 절단해요. 이렇게 해서 지육이 돼요.

소와 돼지가 죽어야만 우리가 고기를 먹을 수 있군요

그렇습니다. 식물과 달리 소나 돼지는 인간과 같은 포유류이기 때문에 동물을 죽이는 것에 심리적인 저항을 느끼는 것이 당연하지만 고기를 먹기 위해서는 절대적으로 필요한 일이에요. 매우 전문적인 기술과 설비가 필요합니다. 전국에서는 연간 약 100만 마리의 소와 1500만 마리의 돼지가 도축되어 '고기'로 시장에 나와요(한국의 경우 2021년 한 해 동안 약 93만 마리의 소와 1800만 마리의 돼지가 도축되었다. 한국 축산물안전관리시스템 자료). 소고기는 약 60~70%가 주로 호주나 미국에서, 돼지고기는 약 50%가 미국, 캐나다, 덴마

크 등에서 수입됩니다.

살아 있는 돼지는 어딘가의 축산 농가에서 길러져요. 옥수수나 수수, 보리, 쌀 등의 곡류와 식용유를 만들고 남은 찌꺼기, 쌀겨, 어분 등을 배합한 사료를 먹입니다. 쌀 이외의 곡물은 미국이나 캐나다, 호주 등에서 수입해요. 식용유를 만드는 대두나 유채도 대부분을 미국, 브라질, 캐나다, 중국에서 수입하고요. 쌀겨는 현미를 정미할 때 나오는 것으로 국내산입니다. 어분은 남미의 페루나 칠레에서 잡힌 멸치나 고등어, 전갱이 등을 삶아서 수분과 지방을 제거하여 가루로 만든 것을 말해요.

축산 농가는 사료 회사에서 사료를 구입합니다. 사료 회사는 무역 회사가 세계 각지에서 사들인 원료를 돼지용, 소용, 닭용으로 용도를 나누어 각각에 맞는 사료를 만들어요.

돼지고기는 국내산이라도 사료는 수입하네요

그렇지요. 국내에서 자란 돼지라도 외국에서 재배된 곡물이나 먼 바다에서 잡힌 생선을 먹고 있기 때문에 거기까지 거슬러 올라가면 결국은 다양한 지역의 것들을 우리가 섭취하고 있지요.

생강, 양배추, 토마토, 단호박은 국내산인 경우는 일반적으로는 시장→도매업자→농협→농가로 비교적 단순한 경로를 거쳐요. 장소에 따라 다르지만 생채소는 1~2일 사이에 밭에서 식탁으로 올라오지요. 국내산 신선식품의 경우는 대부분 비슷한 경로를 거쳐요.

채소는 모두 국내산은 아니에요. 양배추나 토마토는 거의 국내산이지만 생강은 80% 이상 중국에서 와요. 단호박은 50% 이상을 주로 뉴질랜드나 멕시코에서 수입하고 있어요.

수입 식품은 시장→도매 시장→수입업자의 창고→세관→수출국의 수출업자→출하 조직→생산자(농가)의 경로를 거치게 되지요. 여러분이 먹는 수입 채소는 외국 어딘가의 땅에서 자란 것이고, 그것을 기른 사람이 외국 어딘가에 있어요.

채소도 많이 수입되고 있네요

네, 채소는 신선도가 중요하기 때문에 대부분 국내산이지만 어느 정도 보존이 가능한 채소나 과일은 배로 많이 운반해요. 계절에 따라 아스파라거스 등 가격이 비싸고 가벼운 것은 비행기로 운반하는 경우도 있어요. 시장에서 생산지 표시를 주의해서 살펴보면 남태평양, 동남아시아, 아프리카 등에서 비행기로 온 것도 자주 발견할 수 있어요.

국물을 낼 때 사용하는 다시마는 시장→도매업자→가공업자

매일 먹는 식재료는 어디서 만들어져 얼마를 이동해 왔을까?

→수협→생산자(어업 종사자)의 경로를 거치지요. 어업 종사자가 바다에서 채취한 다시마를 건조시켜서 출하하면 가공업자가 국물용, 식용 등의 용도로 나누어 상품화합니다. 거의 대부분 국내산입니다.

간장은 시장→도매업자→제조 회사의 단순한 경로지만 원료를 거슬러 올라가는 것은 조금 번거로워요. 현재 유통되는 많은 간장의 경우, 대두는 거의 대부분이 수입이고(90% 이상) 주로 미국, 캐나다, 브라질 등에서 수입됩니다.

맛술은 찹쌀, 쌀누룩, 소주나 알코올 원료로 숙성시켜 만드는데, 현재는 원료인 찹쌀이 대부분 중국 등에서 수입되고 있고, 베트남에서 만든 맛술도 수입되고 있어요.

맛술은 요리의 잡냄새를 제거하고 감칠맛을 내는 데 주로 사용하는 조미료인데, 원재료의 가격이 싸고 노동력도 저렴해서 해외에서 생산되는 제품이 늘고 있어요. 게다가 최근에는 더욱 저렴한 조미료도 많습니다. 겉포장의 원재료명은 '물엿(옥수수)'이라고 적혀 있으면서 '유전자 변형 옥수수가 포함되어 있을 가능성이 있습니다'라고 표시되어 있는 경우도 있어요. 유전자 변형에 대해서는 뒤에서 다시 이야기하기로 해요.

다음으로는 된장국입니다.

된장은 대두와 소금으로 만들어요. 대두는 겉표지에 '국내산'이라고 적혀 있는 것 이외에는 모두 수입합니다.

두부의 원료도 대두예요. 두부는 콩을 갈고 끓여서 꼭 짠 콩물(짜고 남은 찌꺼기는 '비지'입니다)에 간수(염화 마그네슘)라는 첨가물을 넣어 굳힌 것인데 대부분 수입 대두로 만들어요.

국물을 만드는 멸치는 멸치, 디포리 등의 작은 생선을 삶아서 말린 거예요. 시장→도매업자→가공업자→어민의 경로를 거치는데 대부분이 국내산이에요.

미역은 바다에서 채취한 해초를 건조시켜서 만들어요. 현재는 80% 정도를 한국과 중국에서 수입해요. 파는 약 10%를 중국에서 수입하고요.

우유는 팩으로 포장해서 판매되고 있지요. 낙농가가 생산한 생우유는 우유 공장으로 모여지고 이곳에서는 생우유를 살균해서 팩에 담습니다. 마시는 우유는 100% 국내산이지만 앞에서 살펴본 것처럼 사료의 대부분은 수입되고 있어요.

우리가 먹는 것이 전 세계에서 오네요

네, 수입국 중에 미국이 차지하는 비율이 가장 많아서 약 25%, 그 다음이 중국으로 12% 정도 돼요. 미국은 뉴욕이나 할리우드 등 대도시 이미지가 강할 수도 있는데 세계 1위의 식량 수출국이에

매일 먹는 식재료는 어디서 만들어져 얼마를 이동해 왔을까?

요. 넓은 국토에 광대한 농지와 목초지가 있어서 대규모 농업과 축산업이 이루어지고 있습니다.

수입 비율이 높은 농산물 중 곡물과 대두, 유채 등의 종자를 농지 면적으로 환산하면 국외 농지 면적이 국내 농지 면적의 2.4배나 돼요. 식량을 수입한다는 것은 해외의 농지를 사용하고 있다는 의미이기도 해요.

'식량 자급률'은 국내에서 소비되는 식량 중 어느 정도가 국내에서 조달되고 있는지를 나타내는 숫자인데 두 종류가 있어요. 첫 번째는 살아가는 데 기초가 되는 열량으로 환산하는 것으로 칼로리 기반의 식량 자급률이에요. 식량 전체를 품목별로 칼로리로 환산해서 계산한 것으로 국내 자급률은 38%(2016년)입니다. 육류는 수입 사료가 차지하는 부분까지 계산해요. 칼로리로 봤을 때 식량 소비의 62%를 수입에 의존하고 있는 셈입니다.

또 하나는 생산 금액을 기반으로 한 식량 자급률로 금액상으로는 68%를 차지하고 있어요.

칼로리로 계산하는 것과 생산 금액으로 계산하는 것이 그렇게 다른가요?

큰 차이가 나는 것은 육류나 달걀 등의 축산물입니다. 금액을 기

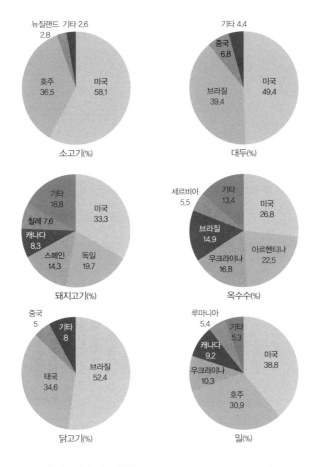

| 품목별 수입국 현황(한국 농림축산식품부 발표, 2020년) |

반으로 육류의 자급률은 54%이지만 칼로리를 기반으로 보면 9%
예요. 달걀의 금액 기반 자급률은 96%이지만 칼로리 기반으로는
13%예요. 국내산 고기나 달걀로 판매되어도 먹이는 거의 해외에

매일 먹는 식재료는 어디서 만들어져 얼마를 이동해 왔을까?

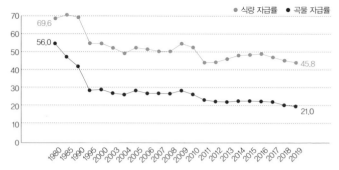

| 연도별 곡물 자급률 및 식량 자급률 현황 (한국 농림축산식품부 자료) |

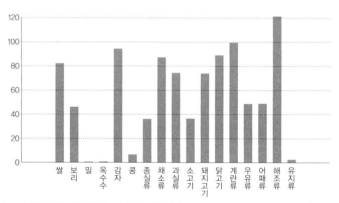

| 주요 식품 생산량 기반 주요 식품 자급률 (한국 농림축산식품부 자료, 2019년) |

서 수입하고 있기 때문이지요.

　해외로 한 발짝도 나가지 않고 국내산 고기나 달걀, 국내산 된장이나 두부, 간장을 먹고 있어도 우리는 먼 외국 땅에서 누군가가 만든 식재료를 먹고 있는 경우가 많다는 의미예요. 앞에서 국내의 생산 농지 면적보다 2.4배의 면적을 해외에 가지고 있는 것을 보았지요. 그것을 보면 현재 인간이라는 생물이 생존하는 기반이 자기들이 살고 있는 지역에서 크게 벗어나 있는 모습이라는 것을 알 수 있어요.

제1장에서 우리의 신체는 대지와 자연의 순환의 일부를 담당하고 있다고 이야기했는데, 생물 세계에서는 그 관계가 각각이 서식하는 지역에 한정되어 성립합니다. 그러나 인간의 경우는 살고 있는 지역에서 크게 벗어나고 있지요.

조금 더 구체적으로 생각해 볼까요?

국내 밀가루 자급률은 13%이지만 제빵용은 3%에 불과해요. 수입 밀의 대부분은 미국, 캐나다, 호주 등에서 수입하고 있기 때문에 여러분이 빵을 자주 먹는다면 미국이나 캐나다, 호주 땅에서 자란 밀을 먹고 있는 것이지요. 결국 아주 멀리 떨어져 있는 대지와 깊숙이 이어진 셈이에요. 다른 먹을거리들까지 생각하면 지금 여러분의 몸을 형성하고 있는 분자의 상당수는 긴 여행을 거쳐 여러분의 일부가 된 것을 알 수 있어요.

여러분이 자주 먹는 컵라면 재료는 밀가루, 식물성 유지, 새우, 고기, 달걀, 파, 닭고기 추출물이나 돼지고기 추출물 등이에요. 대부분이 세계 각지에서 수입된 것입니다. 컵라면 한 개를 먹으면 먼 대륙이나 바다에서 만들어진 식재료를 여러분의 위장 안에 넣는 것이 되지요.

매일 먹는 식재료는 어디서 만들어져 얼마를 이동해 왔을까?

그밖에도 쿠키나 빵, 케이크 등도 밀이 주된 원료이고, 패밀리 레스토랑이나 패스트푸드점 같은 외식 산업에서는 채소를 포함해 수입 재료를 많이 사용하기 때문에 여러분도 모르는 사이에 외국에서 재배되거나 만들어진 식품을 많이 먹고 있는 거예요.

전체로 보면 여러분의 신체를 형성하는 몇 퍼센트는 외국에서 태어난 생명에 의해 유지되는 것입니다.

수입이 많은 것은 외국에서 들여오는 것이 싸기 때문인가요?

네, 바로 경제적인 이유에서입니다. 미국은 광대한 땅에서 농산물을 대량 생산하여 해외에 수출하는 정책을 대대적으로 추진해 왔어요. 우리가 생산한 공업 제품을 수입하는 대신 미국 농산물을 구입하도록 농산물 시장 개방을 요구했어요. 미국 농가의 평균 경작 면적은 약 170헥타르로 우리 농가의 평균 경작 면적의 70배 이상이에요. 이렇게 큰 규모로 대형 기계를 사용해서 생산하기 때문에 농사를 짓는 비용이 매우 낮아집니다.

그에 비해 우리 농산물은 비싼 느낌이 드는데 왜 그럴까요? 우리는 산간 지역이 많고 경지가 적어서 땅값도 비싸고, 노동력도 많이 필요하기 때문에 경비가 비싸집니다. 또 논이나 밭을 가는 트랙터나 이앙기, 수확을 위한 콤바인 등의 기계는 각각 수천만

원, 어떤 경우에는 1억 원 이상의 비싼 기계도 있고, 비닐하우스도 돈이 많이 들어요.

그렇게나 많이요?

게다가 규모가 작기 때문에 농산물 하나하나에 드는 기계나 자재 비용도 비싸져요. 이런 이유로 가격 면에서 국제 경쟁력은 떨어지지요. 우리 농가는 품질이나 신선도, 맛, 그리고 안전도 등에서 경쟁력을 높여 소비자의 신뢰를 얻으려고 애쓰고 있습니다.

먹을거리의 절반 이상을 수입하고 있는데
만일 먹을거리 수입에 문제가 생기면 어떻게 돼요?

지금의 세계는 평화롭고 안정되어 있다는 것을 전제로 하기 때문에 생산지나 운반 경로에서 아무런 문제가 발생하지 않으면 걱정할 필요는 없겠지요. 그러나 매일의 다양한 먹을거리가 먼 곳에서 운반되고 있기 때문에 걱정이 되는 것도 사실입니다.

농림축산식품부에서는 식품 자급률을 높이는 목표를 세웠지만 현실은 오히려 낮아지는 경향을 막을 수 없는 상황이어서 근래에는 자급률을 높이기가 더 어려워지고 있어요. 실제로 최근 경작되

매일 먹는 식재료는 어디서 만들어져 얼마를 이동해 왔을까?

지 않고 방치되는 농지가 급증하고 있는데 2015년에 42.3만 헥타르였습니다. 전체 경지의 8%나 되는 면적입니다.

경제적인 효율만 보면 식재료 자급률이 낮아지는 것은 어쩔 수 없는 면도 있지만 이것은 굉장히 심각한 문제예요. 실은 식재료 자급률은 1960년대까지만 해도 70% 정도였어요. 오늘날 이렇게까지 낮아진 데에는 무슨 일이 있었던 것일까요?

먹을거리의 형태는 제2차 세계 대전 후부터 크게 변화했어요. 어떻게 변화했는지 다음에서 알아보기로 해요.

오늘날의 식생활은 과거와 얼마나 다를까?

제2차 세계 대전이 끝난 후에 식생활이 크게 변했나요?

그렇습니다. 제2장에서 논농사가 시작되면서 고대의 식생활이 크게 변화했다고 했는데, 그 변화는 수백 년 단위로 몇 세대에 걸친 시간의 경과와 함께 진행되었어요. 그 후에도 근대화가 시작되기 전까지 긴 역사 속에서 식생활의 변화는 느린 속도로 진행되었습니다.

근대화 이후 식생활은 크게 변화했는데, 그때부터 시작된 서구화가 큰 요인이었어요. 그러나 그때보다 더 큰 변화는 제2차 세계 대전이 끝난 이후에 나타났어요. 그때부터 현재에 이르는 약 70년의 변화는 놀랄 만한 것이었습니다. 여러분의 할머니, 할아버지 세대, 어머니, 아버지 세대, 그리고 여러분 세대로 이어지는 3세대의 변화예요. 몇십 년이 아니라 몇 년 단위로 엄청나게 변화했습니다.

1945년 일본이 제2차 세계 대전에서 패전했을 당시, 전쟁으로 먹을 것이 부족해 국가가 먹을거리의 유통을 관리하는 식량 통제나 배급 제도가 실시되었어요. 미군의 통치하에서 배급 제도가 계속되었는데 그래도 식량이 부족해 도시에서는 굶어 죽는 사람이 생기고 물자를 빼돌리거나 암시장이 번성하는 등 혼란 상태가 한동안 계속되었습니다.

먹을 것이 부족해서 옷과 식량을 교환하기도 했다지요?

네, 사람들은 어떻게든 굶주림을 이겨 내고자 노력했습니다.

1950년 무렵까지도 식량난이 계속되었고 부족한 식량을 보충하기 위해 식량 증산에 힘을 쏟았어요. 사람들은 작은 토지라도 밭으로 일궈서 작물을 심었고, 들에서 나는 쑥이나 질경이, 칡 등을 먹었고, 도토리도 중요한 식재료였어요. 이들 풀이나 열매 등은 '구황 작물'이라고 하여 기근 때에 식량 대용으로 사용되었어요.

학교 급식은 전쟁 중에도 부분적으로 실시되었지만 식량난으로 중지되기도 했고, 전쟁이 끝난 후에는 유니세프 등의 원조에 의해 탈지분유를 이용한 급식이 이루어지기도 했어요. 또 미국에서 식량 원조 형태로 밀가루가 대량으로 도입되면서 1950년 무렵부터는 대도시의 학교 급식에 빵과 반찬과 탈지분유로 영양 균형을 맞춘 '완전 급식'을 실시했습니다.

지금과는 전혀 다른 급식이었네요

그렇지요. 1970년대 이후에 겨우 쌀밥이 급식에 등장해요. 먹을거리는 시대를 비추는 거울 같은 것이기 때문에 할머니, 할아버지 시대의 먹을거리, 어머니, 아버지 시대의 급식 또는 도시락에 대해 물어보면 재미나는 이야기를 들을 수 있을 거예요. 빵 급식은 그 후의 젊은 세대의 음식 취향에 크게 영향을 미쳐서 나중에 국내에 진출한 햄버거 체인점의 급성장에도 크게 공헌했다고 할 수 있어요.

전쟁으로 초토화되고 가난했던 우리는 급속한 경제 성장을 이루어 풍요로운 나라의 일원이 되었습니다. 생활이 안정되자 사람들의 식생활도 쌀과 생선, 채소 중심의 식생활에서 빵, 버터, 치즈,

오늘날의 식생활은 과거와 얼마나 다를까?

고기 등의 축산물이나 토마토, 양상추 등의 서양 채소, 바나나 등의 수입 과일을 먹는 기회가 늘어 식생활의 서구화가 진행됩니다.

고기나 유제품, 과일은 그전에는 못 먹었나요?

네, 그전까지의 식생활은 쌀 중심의 식사로 된장, 간장 등의 콩 가공품과 조림, 절인 채소, 어패류 등을 주로 먹었습니다. 그것이 1960년대 들어서면서 극적으로 변하기 시작했어요.

이 시기의 큰 특징으로는 간단하고 편리한 조리 식품의 탄생과 급속한 보급이에요. 경제가 활기를 띠고 사람들의 생활이 바쁘게 되면서 1950년대 말부터 인스턴트 라면이 등장했어요. 처음에는 인기가 없었지만 1960년대에 들어서면서 엄청난 인기를 끌며 순식간에 보급되었지요. 1970년대에는 더욱 간단하고 편리한 컵라면이 등장하고 완전 조리 식품도 등장했어요. 인스턴트 라면은 해외에도 보급되어 아시아를 중심으로 세계 각지에서 널리 먹게 되었습니다.

1970년대부터 80년대에 걸쳐서는 가족이나 친구들끼리의 외식이 증가하여 레스토랑이나 카페 등의 외식 산업이 성장하고, 아메리칸 스타일의 패스트푸드 체인점이 등장하기 시작했어요. 또 패밀리 레스토랑도 전성기를 맞이했습니다.

엄청난 변화군요

네, 예를 들어 1954년에 태어난 사람의 경우를 들어 보면 이렇습니다. 5세 무렵에는 먹을 것이 없어서 늘 배가 고팠는데 초등학교에 들어가면서 빵과 탈지분유를 급식으로 먹었고 10세 무렵부터 급격하게 사회가 풍요로워지면서 인스턴트 라면이 등장했고, 가정에서의 식생활도 서구화하기 시작했어요. 20대 중반에는 그 무렵 생기기 시작한 체인점에서 햄버거를 먹고 친구나 가족들과 패밀리 레스토랑에서 식사하는 라이프 스타일이 당연한 것이 되었어요. 그분들이 어렸을 적에는 상상도 하지 못한 식생활의 변화를 경험한 것이지요.

할머니, 할아버지 시대에는 매우 힘들었을 것 같아요

그렇지요. 이 시대를 살아오신 분들이 아마도 가장 극적으로 식생활의 변화를 겪은 분들이 아닐까 싶어요. 영양 상태가 급격하게 좋아진 것은 좋은 일이지만 거기에는 드러나지 않는 측면도 있습니다. 영양 결핍을 걱정하지 않게 된 반면 비만을 걱정하게 되고 1971년에는 국민 영양 조사에 '비만도 조사' 항목이 포함되었어요. 그 후 식생활과 관계가 깊은 비만, 고혈압, 당뇨병 등이 증가하

오늘날의 식생활은 과거와 얼마나 다를까?

게 되었습니다.

1980년대에 들어서면서 패밀리 레스토랑 이외에도 여러 외식 체인점이나 전문 레스토랑이 증가하면서 자신만의 맛을 찾는 미식 붐이 일어나기도 하고, 간편함만이 아니라 '수제'나 '전통의 맛'에 대한 평가가 다시 이루어지기 시작했어요. 또 건강하고 안전한 먹을거리에 대한 관심도 늘면서 건강식품, 자연식품이 정착하기 시작해요. 이러한 움직임은 농업에도 영향을 미쳐서 '무농약', '유기농 재배'라고 표시된 제품들이 나오게 됩니다.

어째서 1960년대에 식생활의 변화가 심했나요?

거기에는 국가의 정책과 사람들의 생활 방식의 변화가 깊게 관련되어 있습니다.

1960년 무렵부터 도시화와 공업화가 본격적으로 진행되면서 고속도로가 생기고 국도가 정비되면서 전국적인 유통망이 생겨나요. 초고속열차도 개통되었지요.

또 원재료를 해외에서 들여와 국내에서 가공, 생산한 다음 수출해서 외국의 통화로 돈을 버는 '제조 무역국'이 국가의 정책이 되었어요. 국내에서 원료를 자급하기보다 해외에서 싸게 대량으로 수입해 가공, 생산, 판매(수출)하는 것이 제조 무역국의 취지예요.

전국 각지에 새로운 산업 도시가 만들어지는데 대부분은 바다와 접한 항구 도시였어요. 외국으로부터 석유나 철광석 등의 자원이나 원재료를 들여오기 쉽고 수출하기도 쉽기 때문이지요.

또 시장을 개방하는 무역 자유화를 추진하고 공업용 원료만이 아니라 목재나 식료품도 싸게 수입할 수 있도록 관세를 내렸습니다. 그때까지는 식품 등 기초적인 품목은 식재료를 안정적으로 확보하고 국내 산업을 육성하기 위해 수량 제한이나 관세를 높여서 수입을 제한했는데 그러한 제약을 없앤 것입니다. 1960년대 이후 대두, 생강, 닭고기, 바나나, 설탕, 레몬 등 100종류가 넘는 농산물의 수입 수량을 제한했던 것이 없어지고 관세를 내리는 수입 자유화가 실시됩니다. 그 후에는 돼지고기나 배합 사료 등의 수입 규제가 없어졌지요.

그에 따라 농촌의 풍경이나 밭의 모습이 크게 달라졌습니다. 이전에는 봄이 되면 유채밭에 노란 유채꽃이 가득 피어서 봄이 왔다는 것을 알렸어요. 이모작이라고 해서 벼를 수확한 뒤에는 논에 보리나 유채, 대두 등을 심었습니다. 겨울에서 봄까지 보리가 열매를 맺기도 하고 가을에는 메밀밭에 새하얀 메밀꽃이 피었습니다. 그런데 값싼 농산물이 해외에서 수입이 되자 원가가 맞지 않는 이들 농산물은 재배하지 않게 되었어요.

또 콩과 식물의 뿌리에는 공기 중의 질소를 고정하는 '뿌리혹박

오늘날의 식생활은 과거와 얼마나 다를까?

테리아'가 붙어 있어 그 상태로 밭을 갈면 그대로 자연의 비료가 되는데 값싼 화학 비료를 사용하게 되면서 그것도 사라졌어요.

지금은 관광지에 가야 유채꽃을 볼 수 있어요

예전에는 이모작을 하거나 콩과 작물 재배 등 자연의 힘을 잘 이용하는 지혜가 활용되었어요. 그런데 수입 자유화가 되면서 대두나 보리, 유채 등 된장이나 간장, 식용유 등의 원료가 되는 작물의 공급원이 해외로 옮겨 갔습니다. 국내에서 재배하는 것보다 해외에서 들여오는 것이 값이 싸기 때문이지요.

더욱 본격적인 무역 자유화 시대가 열리면서 소고기, 오렌지 등이 들어오기 시작했는데 특히 오렌지 수입으로 귤 농가는 큰 타격을 입었습니다. 지금도 국산 귤은 있지만 오렌지 수입도 크게 늘어 오렌지 주스가 싸게 유통되었어요. 해외에서 오렌지 농축액을 수입해서 제품화한 것입니다. 무역 자유화가 진행되면서 식품 산업도 다른 산업과 마찬가지로 가공 무역을 기반으로 한 공업화가 되었어요.

식품 산업의 공업화라고요?

공업화하기 전에는 간장이나 된장, 빵이나 두부, 과자 등은 작은 규모의 생산자나 가게에서 생산해 그 지역 사람들을 대상으로 판매했어요. 그러나 시장 개방으로 값싼 원재료를 사용할 수 있게 되고, 철도나 도로 등의 유통망이 정비되어 대량 수송이 가능한 기반이 갖춰지면서 큰 공장에서 대량으로 생산해서 전국으로 출하하게 되었습니다. 그뿐만이 아니라 대량 제품을 균일하게 제조하고 장기간 품질을 유지하며 보기에도 좋게 하는 식품 첨가물을 대량으로 사용하게 되었어요. 이것이 식품 산업의 공업화입니다.

공업화가 진행되자 지역의 작은 식품 회사는 망하거나 대기업에 흡수되기 시작했어요. 그 과정에서 전국 규모로 성장하는 식품 대기업이 잇달아 등장했는데 간장 회사나 제빵 회사, 제과 회사 등 유명한 대기업이 떠오르지요.

이렇게 먹을거리의 생산, 소비, 유통의 형태가 급속하게 변화하면서 그에 따라 당연히 식생활도 크게 변화하게 되었지요.

1960년의 식사는 지금과 어떻게 달랐어요?

1960년에는 교통망이나 운송 수단이 정비되지 않았고, 전기냉장고가 있는 세대는 10% 정도였기 때문에 주로 근교에서 생산되는 제철 먹을거리를 먹었습니다. 지금은 먼 나라나 지역에서도 신선한 식재료를 싸게 운반해 올 수 있게 되었고 냉장고도 대부분의 가정에 있어서 오늘날의 식재료는 상당히 먼 거리를 이동해서 우리 식탁에 옵니다. 예를 들어 빵을 만드는 밀가루는 미국, 바나나는 필리핀, 새우튀김을 만드는 새우는 베트남, 스테이크의 소고기는 호주, 오렌지는 미국 등 많은 식재료가 멀리서 옵니다.

이러한 식탁의 변화와 같은 변화가 농업에도 일어나요. 1960년 무렵까지는 가족끼리 경영하는 작은 회사나 가게에서 일하던 사람들, 목수 등 다양한 직업에 종사하던 사람들, 시골에서 농사를 짓는 사람들이 많았는데 이후부터 도시의 회사나 공장에서 일하는 노동자가 많아지게 돼요. 그리고 급격히 증가한 새로운 도시 주민을 위해 공동 주택이나 뉴타운 같은 대규모 단지가 도시 근교에 만들어졌지요.

이렇게 거대하게 팽창한 대도시권에는 대량의 식재료를 안정되게 공급할 필요가 생기겠지요. 국가는 농작물을 대량으로 생산하고 유통시키기 위해 농업을 합리화, 근대화하는 정책을 펼쳤습니다. 그때까지 농가는 많은 종류의 채소나 쌀 등을 소규모로 생산하고 소규모의 닭이나 소를 논이나 밭두렁에 난 풀이나 채소 잎사귀, 잔반 등을 먹이로 키우며 가축의 분뇨는 퇴비로 이용했어요. 된장이나 장아찌, 곶감 등도 직접 만들었지요.

또 다음 해에 심기 위해 씨앗을 받아 두고, 대나무를 가공해서

바구니를 만들고, 볏짚을 엮어 농기구나 생활 가구를 만들었어요. 집을 고치거나 농로나 수로를 정비하는 것도 스스로 해결하고, 산에서 연료를 구해 숯을 만들거나 간단한 목수 일 등 다양한 일을 했어요. 그러나 농업을 근대화하는 정책이 시행되자 그러한 생활 양식은 모습을 감췄습니다.

자급자족은 효율적이지 않기 때문에 국가는 여러 작물을 다양하게 재배하기보다는 양배추나 피망 등 특정 작물에만 집중하여 보다 많이 수확하는 것을 목표로 하는 정책을 실시했어요. 지역 특산품을 만들어서 대량으로 생산, 판매할 수 있는 농업 경영을 추진한 것입니다. 대도시에 단지가 만들어진 것처럼 농업 생산지에도 채소 단지나 낙농 단지, 과수 단지, 화훼 단지가 생겼어요. 예를 들어 고랭지 배추 단지, 양파 단지 등 각지의 농업 특산물은 이렇게 해서 만들어진 것입니다.

합리화, 근대화된 농업인가요?

네, 대량 생산으로 원가를 절감하는 공업 생산과 마찬가지로 이 방법은 커다란 경제 효과를 만들어 내요. 이때 보다 효과적이고 보다 많은 수확을 얻는 데 힘을 발휘한 것이 농업의 기계화와 화학 비료, 농약의 사용이었어요. 또 같은 작물을 대량으로 생산하

오늘날의 식생활은 과거와 얼마나 다를까?

기 때문에 대량 수송도 가능합니다.

대량의 농산물을 집중해서 판매하기 위해 대도시에 '대형 농수산 시장'이 만들어졌습니다. 농수산 시장에서 대량의 작물을 모아 가격을 책정해 중간 도매상을 거쳐 슈퍼나 소매점으로 작물들이 도달하는 구조예요. 이렇게 형성된 전국의 유통 네트워크에 의해 대도시권에 대량의 농산물을 운반할 수 있게 됩니다. 이제 우리는 전국 방방곡곡의 생산품이나 해외 수입품을 포함해 다양한 식재료를 가까이서 간단히 구입할 수 있게 되었습니다.

그런데 전체 먹을거리 소비액이 증가하는 데 비해 신선식품의 비율은 그다지 늘지 않고 오히려 떨어지고 있습니다. 그에 비해 가공 식품, 외식은 일관되게 증가하고 있고요. 현재 소비자가 식품에 지불하는 비용 중 1위는 가공 식품으로 약 절반을 차지해요. 다음이 외식으로 30%에 가깝습니다. 신선식품은 20% 이하예요. 신선식품이란 가공이나 조리하지 않은 날것입니다. 신선식품 중에는 보존이 쉬운 것도 있지만 신선도가 중요한 농산물이 대부분이에요.

슈퍼마켓에서도 신선식품 매장은 좀 작은 것 같아요

그렇지요. 슈퍼나 편의점에 가 보아도 조미료나 인스턴트식품, 냉

동식품, 과자 코너는 크고, 청량음료나 유제품 등의 냉장 코너가 신선식품보다 넓은 경우가 많아요.

우리가 먹는 것은 모두 기본은 농업(낙농, 어업도 포함)에서 온 것인데 경제 활동이라는 의미에서는 지금은 농업 부문보다 식품 가공 부문이 훨씬 커졌어요. 그것이 우리 사회의 식생활의 모습입니다.

밥(쌀)을 가격의 관점에서 한번 볼까요?

편의점에서 파는 삼각 김밥의 가격이 1000원이라고 할 때 속 재료를 제외한 밥만의 가격을 살펴볼까요? 삼각 김밥 한 개에 들어가는 밥의 양은 정미한 쌀로 50g 정도인데, 품질이 좋은 쌀을 기준으로 할 때 쌀 50g은 약 200원이에요. 밥을 짓기 위해서는 물과 전기밥솥과 전기 요금이 필요하기 때문에 이것을 대충 계산해서 약 30원 정도 더하면 됩니다. 즉, 삼각 김밥 한 개에 들어가는 밥의 가격은 약 230원입니다. 단순 계산으로 편의점 삼각 김밥과의 차액은 약 770원 정도이지요. 속 재료의 가격을 포함한다 하더라도 삼각 김밥을 만드는 데 들어가는 비용과 우리가 지불하는 가격의 차이는 꽤 큽니다.

편의점에서는 여러 종류의 삼각 김밥을 고를 수 있어서 원료 가격만으로 비교할 수 있는 문제가 아니라고 생각해요

그렇지요. 쌀을 사 오지 않아도 되고 쌀을 씻고 물을 맞춰서 밥을 짓지 않아도 편의점에서 언제든지 사 먹을 수 있는 편리함에 우리는 돈을 지불하고 있어요. 원재료보다도 그러한 편리함에 가치를 인정하는 것이라고 할 수 있어요.

그런데 이런 가치관으로 보면 농산물의 가격을 책정하는 데 생산자보다도 유통이나 소비자 쪽의 관점이 강해집니다. 편의점이나 슈퍼, 음식점 등 식품 관련 산업(유통, 서비스) 쪽의 요구가 커져서 농산물 자체의 가치보다 편리함 등의 서비스 가치가 우선되기 때문에, 생산자(농가)는 약자의 입장이 되어 농산물의 가치를 결정하는 데에 영향력을 미치기 어렵게 돼요. 생산 과정에 대해 공정한 생산 원가를 보장 받기 어렵게 되지요. 농가의 생산 현장과 도시의 소비자 사이의 거리가 점점 멀어지고, 일상생활에서 땅이나 자연과의 관계가 멀어지는 것도 이런 현상에 영향을 미치고 있습니다.

그것이 나쁜 것인가요?

그 자체가 나쁘다고는 생각하지 않아요. 맛있는 것을 편리하게, 보다 싸게 먹을 수 있으니까요. 하지만 그것만을 중요하게 생각하면 놓치는 것도 있습니다. 싼 가격의 이면에는 주의를 기울이면

보이는 것이 있습니다.

쌀을 예로 들어 구체적인 숫자를 보기로 합시다. 일본은 역사적으로 주식을 담당하는 중요한 농업으로 쌀농사를 보호하는 방침을 취해 왔어요. 그래서 쌀의 '최소 수입량'을 정해 제한을 하면서 관세도 778%(1995년)로 높이 설정했습니다(한국의 쌀 관세율 513%, 2021년).

관세가 778%라고요?

네. 엄청나게 높은 관세를 부과해서 수입을 제한해 왔습니다. 수입을 자유화하면 외국에서 값싼 쌀을 들여올 수 있지만 국내 농가에게 심각한 영향을 미치기 때문이에요. 그래도 부분적으로 싼값의 수입쌀이 들어오면서 국내 쌀값도 싸졌습니다.

쌀은 다양한 경로로 거래되는데 전국의 출하 단체와 도매업자의 거래 가격이 쌀값의 기준으로 되어 있어요. 2015년 쌀 가격은 평균 1kg당 약 2210원 정도였습니다. 그에 비해 쌀을 생산하는 데 필요한 원가(생산비)는 1kg당 약 2560원입니다.

생산비보다 판매 가격(도매 가격)이 낮은 것이 현실이에요. 생산비의 내용을 보면 노동 인건비가 30% 정도, 농기구나 비료, 농약, 토지 대금 등이 70%를 차지합니다. 생산비가 적게 들고 판매가가

오늘날의 식생활은 과거와 얼마나 다를까?

높으면 생산자가 이익을 보겠지만, 생산비보다 판매 가격이 낮으면 결국 팔지 않을 수는 없고 생산자의 인건비가 삭감됩니다. 농민들의 수고가 정당하게 보장될 수 없는 것이지요.

생산 원가보다 가격이 싸면 문제잖아요?

당연히 문제예요. 가격 경쟁은 지금의 경제 원리인데 정당한 이익이 발생하는 가격을 받지 못하면 생산자는 그 일을 계속할 수 없지요. 국내 농가의 고령화와 후계자 부족은 이런 현실의 결과라고도 할 수 있습니다.

그럼에도 불구하고 여전히 우리 농산물은 비싸다는 인식이 강해서 더 싸게 하라는 압박을 받아 앞으로 치즈 등 유제품의 관세가 낮아질 전망이에요. 그렇게 되면 지금도 힘들게 운영을 하고 있는 국내 낙농업은 더욱 힘들어지고 폐업하는 농가가 생기겠지요.

그렇지만 맛있는 치즈를 싸게 살 수 있으면 좋지요

그렇지요. 무엇을 우선하는지에 달려 있는데 그 문제에 대해서는 제4장에서 조금 더 생각해 보기로 하겠습니다.

지금 우리는 음료수나 과자, 삼각 김밥, 도시락을 언제든 편의점에서 살 수 있고, 패스트푸드점이나 레스토랑에서는 늘 같은 품질의 음식을 먹을 수 있습니다. 고급 식당부터 저렴한 맛집, 아이스크림 전문점 등등 다채로운 먹을거리가 넘쳐 나지요. 그렇지만 한편으로는 이런 먹을거리는 무리하게 생산되고 무리하게 유통되는 폐해도 가지고 있어요. 이어서 그 이야기를 해 보겠습니다.

오늘날의 식생활은 과거와 얼마나 다를까?

편리하고 풍족하게
먹을 수 있으면
다 좋을까?

꼭 그렇지는 않을 것 같아요

근대화, 합리화를 통해 농가의 생산성은 크게 증가했지만 여러 문제나 모순이 나타났습니다. 그중 하나는 재배되는 작물의 종류가 줄고 규격화되는 것입니다.

합리화된 농업 생산 시스템에서는 정해진 때에 정해진 양, 정해진 형태(규격품)의 농산물을 출하해야 해요. 일정한 양의 농산물을 장거리까지 운반해야 하기 때문에 그 사이에 상하지 않게 하기 위해서도 규격화는 필요합니다. 각 지역의 농협마다 채소의 크기, 형태, 무게를 세밀하게 정해 등급을 매깁니다. 오이 꼬리가 2cm를 넘거나 모양이 휘어져 있으면 좋은 등급을 받지 못하지요.

기준에 맞추기가 힘들 것 같아요

네, 농산물을 규격에 맞게 기르고 그것에 맞는지 확인해서 출하하는 것은 농가에게는 큰 부담이에요. 그래서 요구하는 조건을 충족하기 쉬운 품종만을 재배하게 되었고 그 결과 전국적으로 재배 품종의 숫자가 급격하게 줄었어요.

품종이 적어지면 왜 문제죠?

예를 들어 쌀은 고시히카리 품종이 유명하지요. 같은 쌀이라도 밥맛이나 형태, 특징, 재배 방법 등이 다른 다양한 종류가 있어요. 그것이 품종입니다. 감자의 품종도 여러 가지 있지만, 현재 국내에서는 단샤쿠, 메이퀸 두 품종의 생산량이 압도적으로 많습니다. 토마토는 한때는 완숙 상태에서도 운반 중에 상하지 않는 모모타로라는 품종이 대부분이었습니다.

같은 품종만 생산하면, 예를 들어 여름에 기온이 낮거나 기상 상황이 나빠서 병이나 해충이 발생했을 때 피해도 똑같이 입게 돼요. 그런데 추위에 약한 품종이나 강한 품종 등 여러 품종을 다양하게 재배하면 피해를 줄일 수 있습니다.

역사적으로 유명한 일이 있었어요. 1840년대에 발생한 아일랜드의 감자 대참사입니다. 아메리카 대륙에서 유입된 품종을 대량으로 재배했다가 병이 발생했는데 그 병에 대한 저항이 없었기 때문에 전 지역에서 엄청난 피해를 입었습니다. 당시 아일랜드는 감자가 주식이었기 때문에 굶어 죽는 사람이 대량으로 발생했어요.

또 '정시·정량·규격 품질'을 맞추기 위해 농가들은 재배하는 씨앗을 매년 종묘 회사에서 구입하게 되었습니다. 이전에는 농가가 다음 해에 심을 씨앗을 스스로 준비해 두었지요. 그 지역에서 오랜 기간 재배해 온 품종은 지역의 풍토에 맞게 개량되어 다른 농가와 씨앗 교환을 통해 적합한 품종들이 다양하게 이어져 왔습니다. 이것들을 재래종이라고 불러요.

그렇지만 재래종 작물은 형태도 수확 시기도 제각각이에요. 그에 비해 종묘 회사가 품종을 관리해서 판매하는 교배종(F1=1대 잡종)은 같은 형태로 키워 같은 시기에 일제히 수확할 수 있어요. 그래서 농가에서는 교배종(F1)을 사서 재배하는 경우가 늘었습니다. 다만 다른 성질의 부모를 교배해서 만드는 교배종은 우수한 성질을 가진 작물이 가능하지만, 그런 성질이 나타나는 것은 1대뿐으로 거기서 씨를 받아도 다음 해에 같은 작물은 얻을 수 없어요. 그래서 농가는 종묘 회사에서 매년 씨앗을 사게 되었습니다.

앞에서 말한 모모타로 토마토는 유명한 교배종입니다. 오이, 양배추, 당근 등 국내에서 재배되는 채소의 대부분은 종묘 회사가 공급하는 교배종입니다.

우수한 품종이 왜 문제인가요?

우수한 몇 개의 품종을 집중적으로 재배하는 것, 그밖에도 씨앗을 매년 사야 하기 때문에 농가가 재배할 품종을 스스로 결정할 수 없는 것, 몇 개 회사의 영향력이 강해지는 것 등이 문제예요. 세계적으로는 몇 안 되는 종묘 회사에 의해 '종자 지배'라고 할 수 있는 상황도 생겨나고 있습니다.

더 직접적인 문제도 있어요. 아무리 교배종이라 해도 날씨나 다른 자연 조건, 작물 자체의 특성 등에 따라 수확 가능한 양이나 시기에 차이가 있어요. 그래서 '정시·정량·규격 품질'에 맞추기 위해 채소가 빨리 성장하는 화학 비료를 너무 많이 주거나 농약을 지나치게 사용하는 일이 발생합니다.

화학 비료로 형태는 커졌다고 해도 채소는 병약해집니다. 생태

편리하고 풍족하게 먹을 수 있으면 다 좋을까?

계의 균형이 깨져서 농작물에 병이 발생하거나 해충에 의한 피해가 발생하기 쉬워졌어요. 그래서 농약을 많이 사용하면 이번에는 해충을 먹는 천적인 거미나 무당벌레까지 죽기 때문에 오히려 해충이 번식하기 쉬워지고 그래서 농약을 더 사용하는 악순환이 각지에서 자주 발생하게 되었습니다.

같은 작물을 계속해서 재배하다 보니 흙 속 생태계의 균형이 깨지고 작물에 해가 되는 미생물이 증가해서 '연작 장애'가 발생하는 경우도 많이 있어요. 그 대책으로 토양을 살균해야 하고 유해한 가스로 토양 훈증도 자주 합니다. 작물에 방해가 되는 잡초가 자라지 않도록 제초제도 자주 사용해요.

최근에는 농약 성분을 저독성으로 규제하거나 사용을 억제하기도 하지만 농약이나 화학 비료를 많이 사용하는 농업은 논이나 밭 생태계를 파괴시킵니다. 논밭에 서식하며 농업과 일체가 되어 생태계를 만들어 온 개구리나 미꾸라지 등의 작은 동물이나 벌레, 식물, 미생물 등이 줄어들어 균형을 깨뜨리는 것입니다. 농약은 논밭의 생태계만 파괴하는 것이 아니라 농민들의 건강에도 심각한 피해를 주어, 1970년대부터 의학계에서는 농약에 대한 경고를 하고 있습니다. 농약이나 화학 비료를 많이 사용하는 공업화된 농업은 먹는 행위로 생태계 순환의 일부를 담당하는 인간과 자연의 공생 관계에 영향을 미치고 인간의 건강에도 악영향을 미치고 있어요.

또 유전자 변형 농산물 문제도 있어요. 대두나 옥수수 등의 작물에 제초제에 강한 유전자를 넣어 변형된 품종을 제초제와 함께 사용하면 생산성이 높아지는 작물이 미국, 캐나다, 브라질 등에서 보급되고 있습니다.

대두나 옥수수가 미국이나 캐나다에서 많이 들어오잖아요?

네, 대두는 자급률이 7%이고 옥수수도 사료로 수입하기 때문에 현재 상당량의 유전자 변형 작물을 소비하고 있어요.

한편, 유전자 변형이 아닌 작물을 찾아서 구입하거나 농약이나 화학 비료를 사용하지 않고 재배한 유기 농산물을 사는 사람들도 적지 않게 있어요. 농가들 중에도 합리화, 공업화한 근대 농업에 의문을 가지는 사람들이 생태계와의 공생을 되살리는 농업으로, 땅 속의 미생물 등을 활용하는 등 자연의 순환을 중요하게 생각하는 농법을 시도하고 있어요. 마른 잎이나 동물의 분뇨로 만든 퇴비로 땅 속 미생물의 작용을 활발하게 해서 작물의 뿌리와 미생물과 공생 관계를 만들어 건강하게 자라게 하는 유기농법이 대표적인 예입니다.

크기나 형태의 규격에 맞추기 위해 개량된 품종으로 농가가 애

편리하고 풍족하게 먹을 수 있으면 다 좋을까?

를 써서 작물을 재배해도 큰 것, 작은 것, 형태가 다른 것들이 열립니다. 이렇게 규격에 맞지 않는 것들은 시장에 나갈 수가 없어요. 과일이라면 잼이나 주스 등 가공 식품의 원료로 사용되기도 하지만 채소는 경우에 따라 통째로 밭에서 폐기되기도 합니다.

또 풍작으로 오히려 가난해지기도 해요. 풍작으로 작물이 넘쳐나면 가격이 폭락해 출하용 박스 값도 건질 수 없어서 밭에서 작물을 트랙터로 갈아엎는 것이지요. 먹을거리로 전혀 문제가 없는데 폐기되는 것은 아까운 일이에요.

또 지금은 식당에서 일 년 내내 같은 메뉴를 먹을 수 있고, 토마토, 오이, 양배추, 피망, 당근, 무, 파 등 늘 먹는 채소는 언제든 살수 있어요. 그러나 채소에는 '제철'이라는 수확에 적절한 시기가 있습니다. 벚꽃은 봄에, 해바라기는 여름에 피는 것과 같아요. 예를 들면 토마토, 오이, 피망은 여름이 '제철'입니다. 겨울에 수확하기 위해서는 비닐하우스나 대규모 온실에서 석유를 태워 난방을 해서 여름처럼 따뜻하게 유지해야 재배할 수 있습니다.

아무 때나 나오는 과일이나 채소는 자연을 거스르는 것이네요

그렇지요. 원래 채소는 계절마다 자연의 힘으로 기르는 것인데 그렇게 하면 한 시기에만 재배가 가능하지요. 옛날에는 채소는 제철에 맞는 요리법으로 먹거나 보존법(절인 음식) 등을 이용해 철이 아닐 때도 먹을 수 있었어요. 그러나 제철이 아닌 채소가 시장에 나오면 진귀하니까 비싸게 팔리게 되자 많은 농가가 재배를 늘리게 되었고 점점 채소의 계절성이 없어졌어요. 지금은 대부분의 채소가 일 년 내내 판매되고 먹을 수 있는 것이 당연하지만 그러기 위해서 환경에 부담을 주는 경우가 많아요.

축산에 대해서도 이야기해 볼까요?

닭에는 달걀을 낳는 산란계와 고기를 얻는 육계 두 종류가 있어요. 이 닭들의 어미닭은 '종계'라고 해요. 그 종계의 어미닭은 '원종계'라고 합니다. 전국에서는 약 1억 4천 마리의 산란계가 사육되고 있는데 그 어미닭에 해당하는 종계는 대부분 외국의 육종 회사에서 수입해요. 매년 약 50만 마리의 병아리가 공수되어 국내의 종계장에서 사육되고 자연 교배로 부화시켜 증식된 산란계의 병아리가 양계장으로 출하됩니다.

닭을 외국에서 들여온다고요?

그렇습니다. 육계도 같아요. 무역 개방으로 종계가 들어오면서 국산 닭보다 더 많은 알을 낳는 외국의 닭이 수입되기 시작했어요.

편리하고 풍족하게 먹을 수 있으면 다 좋을까?

지금은 지역의 명품 토종닭 소수만이 국내산이에요. 또 전국에서 사육되는 닭의 품종은 산란계도 육계도 소수의 몇 개 품종에 집중되어 있습니다.

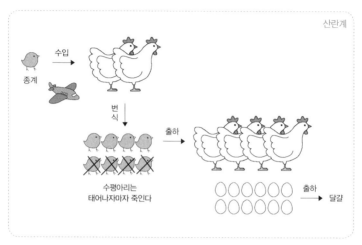

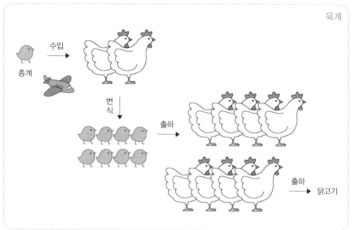

닭에 비해 돼지나 소의 경우, 어미가 되는 '종돈', '종우'는 국내에서 확보되지만 토종은 많이 사라졌고 몇몇 종돈이나 종우에 집중되는 것은 마찬가지입니다.

달걀은 한 꾸러미(10개)에 약 3000원에 살 수 있지만 그 달걀은 산란계가 양계장에서 대략 매일 한 개씩 낳은 것입니다. 당연하지만 양계장에서는 달걀을 낳는 암평아리만 필요하기 때문에 종계장에서 출하하는 것은 암평아리뿐이에요. 수평아리는 부화해서 곧 죽게 돼요.

태어나자마자 죽는다고요?

네, 수평아리는 기르지 않아요. 앞서 말한 것처럼 육계는 별도의 품종입니다. 산란계는 맛있는 달걀을 효율적이고 싸게 얻기 위해 개량된 품종이에요. 야생 조류들은 일 년에 여러 차례 알을 낳지 않아요. 그러나 인간이 기르는 닭은 알을 잘 낳도록 개량되어 왔습니다. 1년 365일 어느 정도로 알을 낳는지 알고 있나요? 평균 300개입니다. 마찬가지로 육계는 보다 맛있는 고기를 효율적으로 얻기 위한 목적으로 품종 개량되었어요. 산란계나 육계가 먹은 사료가 어느 정도의 달걀이나 고기로 바뀌는가 하면 대략 3kg의 사료를 먹고 1kg의 달걀이나 닭고기를 생산하고 있어요.

효율적인 면에서만 보자면 죽은 수평아리는 비료나 사료의 원료로 이용되기 때문에 최종적으로는 우리들의 먹을거리가 되고 있어요. 그렇다고는 해도 태어난 생명을 즉시 죽이는 것은 우리가 먹을거리를 효율화하면서 발생한 일들 중 하나예요.

좀 충격이네요

감염병 문제도 있어요.

닭도 돼지도 소도 보다 효율적이고 보다 싼 가격으로 사육하기 위해 좁은 장소에서 밀집해서 기르는 경우가 많기 때문에 감염에 약하고, 조류 독감이나 구제역 등 전염병이 발생하면 순식간에 감염이 확산됩니다. 조류 독감이 발생해서 몇만 마리의 닭을 살처분하는 것은 언제부터인가 흔히 접하게 된 뉴스입니다.

모두 감염된 동물들이에요?

아니요. 다른 양계장으로 감염이 확대되는 것을 막기 위해 해당 양계장의 닭을 미리 모두 죽이는 것입니다. 가축의 전염병 확대를 방지하기 위해서는 닭 한 마리, 돼지 한 마리라도 감염이 발견되면 즉시 격리하고 감염을 차단해야 해요. 격리해서 안전하게 처분하지 않으면 감염이 확산되어 더 많은 가축을 죽여야 해요. 죽은 가축은 땅 속에 파묻습니다.

건강한 소나 돼지도 많을 텐데요?

네, 사육하는 농가에게는 매우 괴로운 일이에요. 대량의 가축을 집약적으로 사육하면서 발생하는 문제로 동물들이 희생되는 것입니다.

구제역은 소, 돼지 등 발굽이 2개인 동물들에게 감염되는 전염력이 강한 바이러스성 병이에요. 조류 독감은 야생의 새가 매개한다고 하지만 구제역은 사료나 짚, 사람에 의해 바이러스가 전염된다고 추측되기 때문에 글로벌 시대가 낳은 결과물 중 하나입니다. 조류 독감이나 구제역은 피해가 커지지 않도록 즉시 대처하지 않으면 엄청난 일이 벌어집니다. 2001년 영국에서 발생한 구제역은 영국 전체로 퍼져 약 600만 마리가 살처분되었습니다.

바다에서 나는 먹을거리들은 어떤가요?

여러분이 좋아하는 바다 먹을거리와 관련하여 하나의 예를 소개할게요.

편리하고 풍족하게 먹을 수 있으면 다 좋을까?

수입 농수산 품목 중 상위를 차지하는 것이 새우입니다. 대부분이 양식 새우인데 양식장은 인도네시아, 태국, 베트남 등의 해안선에 있는 맹그로브 숲을 벌채해서 만들어요. 당연히 새우 양식 증가로 맹그로브 숲이 급속히 사라졌습니다.

맹그로브가 자라는 곳은 영양분이 풍부하고 플랑크톤이 대량으로 생겨나 치어들에게 먹이 공급지로 소중한 장소입니다. 나무의 뿌리가 뻗어 있어서 외부의 적으로부터 몸을 숨기기에도 안전한 최고의 환경입니다. 이런 맹그로브 숲이 사라지면서 치어들이 성장할 장소가 사라지고 생태계가 파괴되어 이 지역의 어업 자원에 악영향을 주고 있어요.

또 새우 양식장에서 지하수를 너무 퍼 올려서 심각한 지반 침하가 발생하기도 하고, 사료를 대량으로 주기 때문에 수질이 나빠져 새우가 병에 걸리기 쉽다 보니 대량의 항생 물질을 사용하게 되었어요. 새우 양식장이 밀집하면 주변의 수질 오염도 심각해져요. 실제로 새우 양식장이 대대적으로 개발된 대만에서는 양식장의 밀집으로 병이 대량으로 발생했어요. 항생 물질을 써도 해결되지 않고 수질마저 계속 나빠져 결국 새우 산지를 포기하게 되었습니다. 그래서 토지에 여유가 있고 인건비가 싼 인도네시아, 태국, 베트남으로 새우 양식장이 옮겨 가게 되었어요.

또 맹그로브 숲은 파도를 막아 주는 방조림 역할도 하는데, 이

숲이 사라지면서 수해가 발생하기 쉬워졌어요. 2004년에 인도네시아 수마트라에서 발생한 대지진 때, 맹그로브 숲이 있었는지 없었는지에 따라 쓰나미 피해 규모에 큰 차이가 있었어요. 맹그로브 숲이 없어진 지역에서 사망자가 많이 발생했는데, 만일 숲이 남아 있었다면 사망자가 반감했을 거라고 추측해요. 현지에서는 장작이나 숯의 원료로 쓰기 위해 맹그로브 숲을 벌채하기도 해 다양한 개발에 의해 숲이 사라지고 있습니다.

지금까지 본 것처럼 글로벌 시대에 살고 있는 여러분이 매일매일 먹는 것은 지구 반대편의 먼 곳에서 만든 것도 많아서 여러분의 식생활은 세계 전체와 깊이 연관되어 있습니다.

편리하고 풍족하게 먹을 수 있으면 다 좋을까?

4

글로벌
시대의
먹을거리

세계는 먹을거리로
연결되어 있다

우리들이 평소에 먹는 것들이 의외의 지점에서
서로 연결되어 있군요

그렇지요. 지금의 먹을거리 형태는 복잡하게 전 세계의 여러 부분
과 이어져 있어서 생각지도 않은 곳이 서로 연결되어 있기도 해요.

대략 지구 표면의 70%는 바다, 30%는 육지입니다. 육지에는
유라시아 대륙, 아프리카 대륙, 남북 아메리카 대륙, 오스트레일

세계는 먹을거리로 연결되어 있다

리아 대륙과 사람이 살지 않는 남극 대륙, 거기에 더해 크고 작은 섬이 있어서 유엔식량농업기구(FAO)에 따르면 전체 육지 면적(내수면 제외)은 약 130억 헥타르입니다.

그중 약 37%(약 48억 헥타르)가 농업 용지로 이용되고 있고, 약 31%(약 41억 헥타르)가 삼림 면적, 그 밖에 32%(42억 헥타르)는 사막이나 황무지입니다. 대략 육지의 3분의 1이 농업 용지이고 삼림과 황무지가 각각 3분의 1정도입니다. 삼림에서 얻을 수 있는 자원의 대부분이 목재나 장작 등의 연료, 종이의 재료(펄프) 등에 이용되기 때문에 사막 등을 제외한 대부분의 토지를 인간이 관리해서 이용하고 있는 것이지요.

농업 용지는 밭이나 논 등의 경작지가 14억 헥타르, 과일이나 차 등 작물을 재배하는 경작지가 1.6억 헥타르, 목초를 재배하는 목초지가 34.4억 헥타르입니다.

목초지가 크네요

네, 농지라고 해도 약 70%는 가축의 사료를 생산하거나 가축을 방목하는 목초지가 차지해요.

농업 용지에서 생산되는 기본적인 먹을거리의 1년간 생산량을 보면, 3대 기초 곡물이라고 하는 쌀, 밀, 옥수수가 약 23억 톤(쌀 4.8

억, 밀 7.5억, 옥수수 10.5억 톤), 소가 15억 마리, 양이 12억 마리, 산양이 10억 마리, 돼지도 10억 마리, 닭이 214억 마리 정도가 사육되고 있어요. 이들 농축산물이 지구상의 총 인구를 먹여 살리고 있는 셈이에요.

이것을 한 명 분의 면적으로 생각하면 0.2헥타르의 경작지, 0.5헥타르의 목초지를 한 명이 이용하고 있어요. 1헥타르는 $100m \times 100m = 10000m^2$이기 때문에, 25미터 실내 수영장($25m \times 10m = 250m^2$)과 비교하면 경작지는 수영장 8개, 목초지는 수영장 20개의 면적을 한 명이 사용하는 셈이에요.

엄청나게 넓은 면적이네요

경작지와 목초지 합해서 1년에 한 명이 수영장 28개를 사용하는 셈이니 꽤 넓지요. 제3장에서 이야기한 것처럼 먹을거리의 대부분을 해외에서 수입하기 때문에 이렇게 넓은 면적이 나오는 거예요. 가축만 보면 한 명 당 소 0.2마리, 양 0.16마리, 돼지 0.14마리, 닭 3마리 정도가 돼요.

닭을 빼면 가축은 의외로 적은데요?

세계는 먹을거리로 연결되어 있다

세계적으로는 소를 먹지 않는 힌두교도나 돼지를 먹지 않는 이슬람교도, 고기를 먹지 않는 채식주의자가 있어요. 또 세계 인구의 10%를 차지하는 빈곤층(하루 1.9달러 이하로 생활하는 사람들)은 고기를 먹을 수 있는 기회가 많지 않기 때문에 작은 숫자로 보일 수도 있겠네요.

소, 양, 돼지에 물소, 말, 나귀, 낙타 등의 큰 가축을 포함하면 약 50억 마리가 돼요. 세계 인구의 약 4분의 1은 아동이기 때문에 전 세계에서 어른 한 명이 약 한 마리의 가축을 기르고 있는 셈이네요.

우리들 한 사람 한 사람을 키워 주는 농지 면적이나 가축 수에 대해 대략적으로 이미지가 그려지나요?

또 가축 외에도 단백질원으로 중요한 위치를 차지하는 것이 생선입니다. 2010년 전 세계의 어획량은 8952만 톤으로, 1년에 한 명 당 12kg 남짓입니다.

1970년대 무렵부터 많은 나라에서 대형 선박이 먼 바다까지 나가서, 문자 그대로 전 세계의 바다에서 조업하면서 어획량은 계속 증가하고 있어요. 대형 기업의 선박이 전 세계를 무대로 조업을 하다 보니 어업 자원이 부족해져서 이미 1990년대 후반부터 한계 상황에 이르렀다고 할 수 있어요.

생선은 양식도 하고 있지요?

네, 그런데 최근에는 양식 사료의 원료가 되는 멸치 등의 어획량도 줄고 있어요. 바다가 키우는 어업 자원(생선)은 무한정 공급되지 않아요. 알을 낳고 성장하는 시간이 필요한데 그러기도 전에 계속해서 잡아들이기 때문에 전체 어획량은 줄어들 수밖에 없어요.

그렇지만 먹을 것은 점점 풍족해지는 것 같은데요?

미국이나 서유럽 등 경제적으로 부유한 국가에서는 과자나 라면 등의 가공 식품을 만드는 많은 식품 제조 회사가 매일매일 대량의 제품을 만들고 있고, 전국에 체인점이 있는 음식점도 매일매일 같은 요리를 손님에게 제공해요. 슈퍼마켓에도 외국에서 만들어진 먹을거리나 가공품이 진열되어 끊임없이 팔리고 있지요.

대량으로 재료를 구입하고 대량으로 생산해서 높은 관세가 없는 먼 나라들까지 대량으로 안정되게 식품이나 작물을 수출할 수 있는 시스템, 세계 어느 곳이라도 보낼 수 있는 수송 방법 등이 갖춰졌기 때문에 가능한 일이에요. 다시 말해 큰 자본이 있어서 가능한 일이지요.

그런데 심각한 문제는 이들 나라에서는 대량의 식품이 버려지

세계는 먹을거리로 연결되어 있다

기도 한다는 점이에요. 국내에서는 1년간 약 2800만 톤(소비량의 30%)이 버려지고 있습니다. 먹을거리의 30%가 버려지는 상황을 여러분은 어떻게 생각하나요? 버려지는 음식을 처리하는 비용이나 환경 문제도 심각하지요.

그렇게 많이 버려진다고요?

유엔식량농업기구에 따르면 살기 위해 최소한의 필요한 먹을거리를 충족하지 못하는 사람이 전 세계 인구 10명 중 1명이라고 해요. 전체 인원으로 말하면 전 세계 인구 79억 중 8억 명 이상이 영양 부족 상태에 있어요. 먹을 것이 충분하지 않은 사람은 부자 나라에도 있지만 대부분은 가난한 나라 사람들입니다.

부자 나라에서는 30%의 먹을거리를 버리고 있는데 전 세계 인구의 10%가 식량 부족 상태에 있는 것입니다.

뭔가 좀 이상하네요

이상하지요. 곡물을 예로 들어 볼게요.

3대 곡물인 쌀, 밀, 옥수수의 전 세계 생산량은 대략 23억 톤 정도입니다(2016년). 이것을 전 세계의 모든 사람들에게 평등하게 분

배하면 1년에 한 명당 300kg 이상이에요. 사는 데 1년에 필요한
양은 한 명 당 180kg 정도입니다.

그렇게 많은 곡물이 생산되는데 왜 식량이 부족하죠?

실제로 사람들이 직접 먹는 양은 곡물의 약 50%이고, 약 30%는
가축 사료(옥수수는 65%가 사료용), 약 20%가 가공용(각종 알코올이나
에탄올 연료 등)으로 이용되고 있어요. 공업용을 제외하고 식용으로
이용되는 곡물만 보면 한 명 당 240kg입니다. 사료로 가축에게
먹이는 곡물은 그것을 고기나 달걀, 우유 형태로 바꿔 사람이 먹

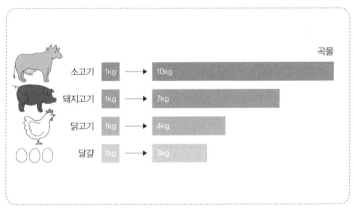

| 가축은 곡물과 식용유 찌꺼기, 어분 등이 배합된 사료를 먹는데 곡물로 계산하면 소
고기는 10배, 돼지고기는 7배, 닭고기는 4배, 달걀은 3배의 양이 필요 |

세계는 먹을거리로 연결되어 있다

는 것과 다름없지요. 소고기 1kg을 생산하기 위해서는 10kg의 곡물이, 돼지고기에는 7kg, 닭고기에는 4kg, 달걀에는 3kg의 곡물이 필요해요. 우유나 유제품도 마찬가지입니다.

고기나 달걀, 우유와 유제품을 먹는 것은
소나 닭이 먹는 몇 배의 곡물을 소비하는 셈이네요

그렇지요. 미국이나 유럽의 여러 나라에서는 한 명 당 1년에 약 100kg 이상의 고기를 먹고 있어요. 특히 고기 소비가 많은 미국에서는 곡물로 환산하면 한 명 당 연간 1000kg의 곡물을 소비하는 셈이에요. 식용으로 소비되는 전체 한 명 당 곡물 소비량인 240kg의 4배 정도 되는 양입니다.

곡물이 필요한 양보다 많이 생산되는데도 굶주리는 사람들이 많은 이유 중 하나는 부자 나라들에서 이렇듯 한 명 당 소비량이 필요 이상으로 많기 때문이지요.

또 2005년 무렵부터 바이오 연료의 사용이 늘고 있습니다. 곡물이 식용이 아닌 용도로 사용되는 것도 사람들이 충분히 먹을 수 없는 하나의 원인이 되고 있어요. 최근에는 곡물 이외의 작물도 바이오 연료로 쓰는 일이 늘고 있지요.

바이오 연료라고요?

바이오 연료는 사탕수수나 옥수수 등의 식물을 발효, 증류시켜서 만드는 '바이오 에탄올'과 카놀라유, 대두유, 팜유로 만드는 '바이오 디젤'을 말해요. 이 중 팜유는 컵라면이나 튀김용 기름, 마가린, 빵이나 도넛, 감자칩, 케이크나 쿠키 등에 대량으로 사용되고 세제의 원료로도 사용돼요.

바이오 연료의 수요가 커지자 원료가 되는 작물의 생산이 급속히 증가하게 되었어요. 예를 들어 말레이시아나 인도네시아에서는 팜 야자가 플랜테이션이라 불리는 대규모 농장에서 재배되고 있는데, 이들 플랜테이션이 늘면서 열대림이 급격히 파괴되고 있습니다. 또 대두의 수요가 늘면서 브라질의 아마존 삼림 지대가 빠르게 개척되고, 아르헨티나에서는 경작지의 절반이 대두밭이 되었습니다. 그만큼 삼림 지대가 사라진 것이지요.

식량이 부족해 굶는 사람이 있는 한편, 삼림이나 먹을거리를 생산하기 위한 경작지가 공업용 수요를 위해 사용되는 면적으로 바뀌고 있는 것이 현실이에요. 공업용 작물을 재배한다는 것은 먹기 위한 작물을 기르는 것이 아니지요. 그런 작물들은 대부분 부자 나라 사람들이 사용해요. 그만큼 가난한 나라 사람들의 먹을거리를 생산하는 땅이 사라지고 있는 것입니다. 큰 자본을 가진 회사

세계는 먹을거리로 연결되어 있다

들이 더 많은 돈을 벌기 위해 먹기 위한 작물보다 다른 목적의 작물을 많이 재배하고 있는 현실이에요. 그것도 굶는 사람이 많아지는 원인 중 하나입니다.

왜 그런 일이 벌어지나요?

오늘날의 경제에서는 각국이 경쟁력 있는 제품을 생산하고 무역을 통해 교환하는 국제 분업이 활발합니다. 농업에서도 이러한 국제 분업이 이루어지고 있어요. 사탕수수나 팜 야자 이외에도 커피, 홍차, 카카오, 바나나, 망고, 파인애플 등이 가난한 나라의 플랜테이션으로 재배되어 부자 나라로 수출됩니다.

이들 작물을 키우며 농장에서 일하는 생산자가 손에 쥘 수 있는 금액은 대개의 경우 우리 소비자가 지불하는 금액의 1% 미만이에요. 예를 들어 바나나 다섯 개가 2000원이라면 10~20원, 커피 원두 100g을 5000원에 샀다면 10~15원입니다. 나머지 99% 이상을 무역이나 가공, 판매에 관여하는 기업이 가져가요.

특히 유명 상표의 고급 초콜릿의 경우 비싼 값을 지불하고 구입하지만 가공 경비, 디자인, 포장과 광고비 등을 포함해 거의 모든 돈이 선진국으로 가고 있어서 가난한 나라의 카카오 생산자는 아주 작은 수입밖에 얻지 못해요.

선진국 인구는 20% 정도이지만 그 20%가 세계의 부의 대부분(80% 이상)을 차지합니다. 나머지 5분의 4의 사람들이 그 나머지를 가지기 때문에 가장 가난한 사람들은 거의 아무것도 얻지 못하는 부의 분포를 보여 줍니다. 이와 같은 비율은 우리가 먹을 것을 살 때 지불하는 가격의 내역(생산비, 가공비, 광고비 등)의 비율과 많이 비슷해요. 부자 나라와 가난한 나라의 부의 크기, 그 큰 차이가 상품 가격의 내역으로도 나타난다고 이해할 수 있어요.

가장 가난한 사람들이 왜 그렇게 조금밖에 받지 못하나요?

원래 플랜테이션은 유럽과 미국 등의 강대국이 식민지 지배를 하는 과정에서 식민지 착취의 하나로 자신들을 위한 상품 작물을 생산하기 위해 만든 것입니다. 당연히 식민지에서는 농민이나 작업자들에게 제대로 된 임금을 지불하지 않지요. 그런 방식이 지금도 남아 있는 경우도 있어요. 또 플랜테이션 이외에는 일할 곳이 없다든지, 농산물을 구입하는 상대가 대개 한 곳뿐이어서 아무리 가격이 낮아도 선택의 여지없이 싼값으로라도 농산물을 팔아야 하는 것입니다.

수출용 작물 농장에서 일하는 사람들의 경우, 자기들이 먹기 위한 작물은 재배하지 않아요. 아니 재배할 수 없지요. 농장을 운영

세계는 먹을거리로 연결되어 있다

하는 회사는 큰 이익이 되는 작물들만 재배하기 때문이에요. 먹을 것은 사야 하는데, 적은 임금밖에 받지 못하기 때문에 위태로운 생활, 경우에 따라서는 영양 부족에 걸리는 비참한 생활을 할 수밖에 없습니다.

가난한 나라들 대부분은 미국이나 캐나다에서 밀가루 등 먹을 거리의 기본적인 재료를 수입하고 있어요.

가난한 나라가 부자 나라에서 먹을거리를 수입하네요

그래요. 밀가루 등의 기본적인 먹을거리 수출국은 이른바 선진 국이에요. 가난한 나라들도 수출용 작물을 재배할 농지가 있으 니까 거기서 자신들이 먹을 작물을 재배할 수 있지만, 국제 분업 화된 세계 경제 체제에 의해 가난한 나라에서는 돈이 되는 수출 용 작물(=상품)이 농지를 차지했어요. 토지를 소유하지 못하는 가 난한 사람들은 그 농장에서 일하면서 충분히 먹지도 못하는 일 이 일어나고 있어요.

예를 들어 브라질은 세계 최상위의 농산물 수출국인데 빈부 격 차가 크고, 수출용 작물만 재배하기 때문에 국민의 10%인 약 2천 만 명은 영양 결핍인 기아 상태에 있어요. 마찬가지로 농산물 수 출 대국인 아르헨티나도 생산되는 농산물 중 수출 작물이 차지하는 비율이 높아 국민의 3분의 1이 빈곤층으로 영양 결핍 상태에 있습니다.

최근 세계적으로 식품의 국제 가격이 상승해서 가난한 나라 사람들은 더욱 어려운 처지에 놓여 있어요. 뒤에서 다시 이야기하겠지만 2007~2008년 사이에 식재료의 국제 가격이 급격하게 올라 가난한 나라 사람들은 점점 더 궁핍한 생활을 하게 되고 그로 인해 폭동이 일어나기도 했습니다.

그런 일이 있었군요

네, 먹을거리를 둘러싸고 경제력이 있는 나라들이 가난한 나라에 대한 영향력을 강화하고 있어요. 새로운 형태의 수탈 전쟁이 시작되고 있지요. 가격 급등을 계기로 먹을거리를 위한 농지를 확보하려고 해외로 진출하는 국가나 기업이 눈에 띄게 증가했습니다.

국제협력NGO가 내놓은『세계에서 기아를 끝내기 위한 30가지 방법』에 따르면 유엔식량농업기구의 계산으로 2007년에서 2009년까지 아프리카 전체에서 한반도 전체 면적과 비슷한 2000만 헥타르의 토지가 외국 기업에 팔리거나 또는 임대되었다고 해요.

또 세계은행 보고에 따르면 2008년 10월~2009년 8월까지 10개월간 대규모 매수나 장기 임대 대상이 된 농지의 규모는 보도된

세계는 먹을거리로 연결되어 있다

거래만으로도 전 세계에서 4660만 헥타르에 이른다고 합니다. 이 것은 한반도 전체 면적의 2배 이상 규모입니다.

에티오피아는 지금도 식량 부족으로 어려움을 겪는 빈곤국이에요. 과거 40년간 국제 사회의 식량 지원을 받아 왔어요. 2009년에 큰 가뭄을 겪은 에티오피아 정부는 국제 사회에 620만 명분의 식량 지원을 요청했습니다. 그런 국가에서 외국인이 토지를 사용해 식량을 대량 생산해 해외로 수출하는 모순된 일이 일어나고 있는 거예요.

정말 이상하네요

그렇지요. 이상하다고 생각해요.

이와 관련해서 세계 규모의 식품 유통, 판매 시스템에 대해 조금 다른 각도에서 보기로 해요. 여러분이 매일 먹는 먹을거리에는 미국에서 키운 옥수수(사료)를 먹은 닭이나 돼지, 소고기가 많아요. 먼 바다에서 잡힌 생선에 오스트레일리아 산 밀가루를 입혀서 아시아에서 가공한 생선 튀김, 독일에서 키운 돼지의 식육을 열대 지역에서 재배한 팜유로 튀긴 돈가스를 먹는 것도 드물지 않아요. 열대 지역에서 키운 카카오나 바닐라빈을 원료로 유럽에서 만든 초콜릿을 먹는 것도 어렵지 않습니다.

인류 역사에서 생물 세계의 식물 연쇄 범위는 오랫동안 서식하는 지역에 한정되어 왔지만, 현재 우리들의 식물 연쇄 범위는 전 지구로 펼쳐져 있고 그만큼 또 복잡합니다. 이것을 '푸드 체인'이라고 부르며 구별하기로 해요.

오늘날의 푸드 체인에서는 지구에서 최초로 먹을거리가 생산되고부터 우리의 입에 들어오기까지 '생산→수송→가공→유통→판매→소비→폐기'라는 긴 거리와 많은 과정을 거치고 있습니다. 이 푸드 체인을 유지하기 위해 많은 인프라(수송 경로나 설비)가 필요하고 그것을 위한 자원, 에너지, 노력이 많이 투입되고 있어요.

그래서 최초 생산자가 돈을 많이 가질 수 없게 되네요

그렇지요. 전 세계의 값싼 농산물을 대량으로 거래하기 위해서는 세계 각국의 생산 정보나 인프라에 대해 잘 아는 전문가와 기업 규모의 조직이 필요해요. 특히 대량의 곡물은 개인이 취급할 수 없어요. 1970년대에 처음으로 식량 위기(위기에 대해서는 뒤에서 이야기할게요.)가 발생하여 곡물 무역의 형태가 크게 변했어요. 미국에 본부를 두고 있는 회사 '카길'을 비롯해 식량 위기에 발 빠르게 대응한 극히 소수의 곡물 회사들을 중심으로 세계의 곡물 거래가

세계는 먹을거리로 연결되어 있다

이루어지게 되었습니다.

그 결과 이들 곡물 회사는 가격이 오르는 기회를 이용해 막대한 이익을 축적했어요. 식량 위기 후 곡물 생산이 증가해서 가격이 떨어지게 되자 유통만이 아니라 생산 자재의 조달부터 식육 가공, 가공 식품의 제조까지 이들 회사들이 개입하게 되었어요. 먹을거리의 최초 생산에서 최종 소비자에게 오기까지 전 과정을 지배하게 된 것입니다. 거대한 농업, 식품 회사로 성장한 이런 기업을 '글로벌 곡물 메이저'라고 해요.

지금은 이런 소수의 거대 기업이 먹을거리를 효율적으로 조달하면서 전 세계 푸드 체인의 대부분을 담당하고 있어요. 우리의 식생활에서 가공 식품 비율이 급증하고, 식품에 대한 지출 중 많은 부분이 가공품이나 서비스 관련 비용이 된 것은 이와 밀접하게 연결되어 있습니다.

현재 세계의 곡물, 커피, 홍차, 바나나 등 농산물 거래의 대부분은 20개 정도의 대기업이 맡고 있고, 소매 판매는 미국에 본사를 두고 있는 슈퍼마켓 체인인 월마트를 필두로 거대 식품 소매업자 상위 10개 기업이 전 세계 식품 시장의 약 4분의 1을 차지하고 있어요.

세계에서 상위 10개 기업이라면 얼마나 큰 회사인가요?

상상할 수 없을 정도로 크지요. 월마트의 연간 매출은 벨기에의 GDP(국내 총생산)보다 많아요(2016년 기준).

슈퍼마켓이나 시장에 가면 전 세계에서 재배된 다양한 먹을거리가 있지요. 다 고를 수도 없고 알지 못하는 종류의 먹을거리가 진열되어 있기도 해요. 슈퍼마켓의 규모에 따라 다르지만 진열된 먹을거리의 수는 평균적으로 25,000가지에 이르고 편의점에서도 평균 2,500가지의 먹을거리가 진열된다고 해요. 또 연간 2만 종류가 넘는 신제품 음료와 식료품들이 만들어지고 있습니다.

그렇게나 많은 신제품이라고요?

그래요. 편의점에서 파는 도시락만 해도 덮밥도 있고 불고기 도시락, 돈가스, 제육볶음, 카레 등 여러 종류가 있어요. 스파게티, 우동, 라면 등 면 종류도 있고요. 삼각 김밥도 있는데 삼각 김밥에는 명란, 햄 마요네즈, 참치 마요네즈 등 안에 들어 있는 종류가 셀 수 없이 많아요. 볶음밥이나 유부초밥 등도 있네요. 마찬가지로 샌드위치도 여러 가지이고, 햄버거도 여러 종류가 있습니다.

여기에 사용되는 식재료의 수를 세려고 하면 머리가 혼란스러울 정도로 많아요. 이렇게 우리가 매일 먹는 것은 수많은 재료로 이루어졌는데, 소수의 몇 개 기업이 이들 원재료의 유통 대부분을 취급하고 있습니다.

'슬로푸드'나 '로하스'라는 말을 들어 본 적 있나요? 건강하고 지속 가능한 라이프 스타일(로하스)을 중요하게 여기는 사람들이 늘면서, 농약도 화학 비료도 사용하지 않는 유기농 채소나 과일, 그것으로 만든 가공품 등의 인기가 높아지고 있어요. 그에 따라서 유기 농산물 시장이 급속하게 확대되고 있지만, 지역의 소규모 유기 농산물 생산자들은 독자적인 판매가 어려워요. 그래서 어쩔 수 없이 거대 식품 기업에 편입되어 판매할 수밖에 없어요. 유기 농산물 세계에서도 소수의 거대 기업에 의한 유통 집중화가 급속히 진행되고 있어요.

제3장에서 채소의 품종이 한정되어 있어서 매년 종자를 사서 키우는 교배종이 많아졌다는 이야기를 했는데, 그 종자의 판매도 상위 10개 기업이 세계 시장의 약 절반을 차지하고 있어요.

이번 장에서는 우리의 먹을거리를 지탱하는 농업 생산 분야에서도 주요한 곡물이나 상품 작물을 중심으로 국제 분업이 진행되는 모습을 살펴보았습니다. 또한 농산물 생산에는 종자가 중요한데 그 종자도 개량종으로 대체되면서 그 대부분을 소수의 거대 종자회사가 공급하게 된 것을 확인했지요. 신품종 개발은 거액의 연구 투자를 해야 가능한데, 그런 막대한 자금은 농약이나 화학 비료를 개발하는 거대 기업에 몰려 있어서 종자 회사들도 거대 기업의 산하에 편입된 것입니다. 이렇게 우리들의 먹을거리 생산을 지탱하는 시스템은 세계 시장에 편입되면서 점점 더 거대 기업의 영향력이 커지게 되었어요.

그런 가운데 공정 무역 운동이 부자 나라들을 중심으로 확산되고 있습니다. 공정 무역은 가난한 나라의 생산자가 정당한 노동력의 대가와 생산비를 받을 수 있도록 하고, 환경 보전을 실현하기 위한 직접 거래 시스템이에요. 아직은 아주 적은 규모지만 공정 무역 운동이 꾸준히 확대할 수 있도록 여러분도 관심을 가지면 좋겠어요.

공정 무역이 늘어나면 좋겠어요

슈퍼마켓이나 편의점에는 많은 종류의 먹을거리가 진열되어 있고, 식당이나 반찬 가게에도 한국식, 서양식, 중국식, 일본식 등 다양한 메뉴가 갖춰져 있어서 메뉴 선택지가 아주 많아졌어요. 유기농 식품도 고르기 쉬워졌고요. 그렇지만 겉으로 보기에 다양해진 것과는 반대로 세계적인 규모로 농산물의 국제 분업화, 품종의 감소, 거대 기업에 의한 집중화가 진행되고 있습니다. 이것이 오늘날 전 세계의 먹을거리를 둘러싼 상황이라는 점을 다시 한 번 강조하

세계는 먹을거리로 연결되어 있다

고 싶어요.

경제적 합리성에서 보면 생산성을 향상시키고 가격을 낮추어 효율화가 실현되었다고도 할 수 있어요. 여러분이 계절과 상관없이 풍부한 과일과 채소를 먹을 수 있게 된 것은 이 덕분이지요. 그러나 환경이나 사회, 문화 등 돈으로 계산할 수 없는 부분에서 커다란 손실과 모순을 증대시키는 면도 있어요. 그것이 앞으로 세계 먹을거리의 위험이 될 수도 있습니다.

다음은 그 위험에 대해 조금 더 생각해 보기로 해요.

식량 위기와 기아의 위험

앞으로의 위험이라뇨?

먹을거리를 둘러싸고 어떤 위험이 있는지 살펴보기 위해 우선은 제2차 세계 대전 후 반복되어 온 식량 위기를 정리해 보겠습니다.

전쟁이 끝난 직후에는 세계적으로 먹을거리가 절대적으로 부족해 생산 확대를 서둘렀어요. 화학 비료와 농약을 사용하고 수확량이 많은 품종을 장려해 생산량을 최대로 끌어올리는 농업의 근대화가 진행되었지요. 특히 1960년대 무렵부터 개발 도상국에서 전개된 농업 근대화를 '녹색 혁명'이라고 부릅니다. 수확량이 많은 품종의 밀과 벼가 세계 각지에서 재배되었고, 아시아 지역은 높은 보급률로 확대되어 인도에서는 밀의 생산량이 20년간 약 4배까지 증가했어요.

4배나요? 굉장해요

네, 놀라운 성장이었어요. 그런데 녹색 혁명의 혜택을 본 것은 관개 시설을 짓고, 비료, 농약, 종자를 구입할 수 있는 부유층이었기 때문에 녹색 혁명으로 오히려 빈부의 격차가 확대되었어요. 또 품종이 획일화되고 농약에 의한 환경 오염과 화학 비료 과다 사용으로 토양이 황폐화되었고요. 생태계가 파괴되는 부정적인 측면이 커졌지요.

또 세계적으로 농업 생산량이 증가하면서 식량이 절대적으로 부족한 상황은 개선되었지만, 국제 무역이 확대되면서 이번에는 구조적인 식량 위기가 발생했어요. 생산보다 무역에 의한 영향이 커졌는데, 그것을 상징적으로 보여 준 것이 1970년대 초의 식량 위기예요.

이 위기의 계기는 세계적인 기후 불순이에요. 1972년에 구소련

(지금의 러시아)이 가뭄으로 밀이 흉작이 되자 밀을 대량으로 수입했고 그 때문에 국제 곡물 가격이 상승했어요. 더욱이 이 시기에 태평양의 일부에서 해수온이 상승하는 엘니뇨 현상으로 페루 연안의 멸치 조업이 크게 줄었어요. 이 멸치들은 대부분 가축의 사료로 사용되었기 때문에 멸치 조업 불황은 사료 부족의 심각화로 이어졌습니다.

이런 이유로 사료 가격이 급등하면서 사료로 쓰이는 대두와 대두 찌꺼기의 수요가 급증하자 대두 가격이 급등했어요. 당시 미국이 세계 대두 수출의 80~90%를 차지했는데, 대두는 미국 내에서도 사료로 많이 사용되고 있었기 때문에 매우 중요한 품목이어서 대두 수출을 금지했어요. 그 결과 많은 나라가 영향을 받았는데 대두의 대부분을 수입에 의존하던 일본에서는 두부나 된장, 간장의 가격이 급격하게 2~3배 치솟아 대두 패닉이 일어났어요. 1973년에 일어난 일이에요.

러시아에서 일어난 가뭄이 도미노처럼
여러 나라에 영향을 미쳤군요

그렇습니다. 국제적인 공급 불균형이 연쇄 작용을 낳아 세계 각국에서 식료품 가격이 오르는 사태가 발생한 것이지요. 1973년은

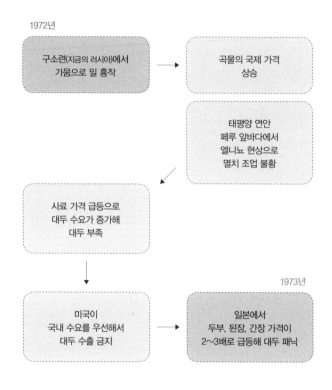

1972년

구소련(지금의 러시아)에서
가뭄으로 밀 흉작

곡물의 국제 가격
상승

태평양 연안
페루 앞바다에서
엘니뇨 현상으로
멸치 조업 불황

사료 가격 급등으로
대두 수요가 증가해
대두 부족

1973년

미국이
국내 수요를 우선해서
대두 수출 금지

일본에서
두부, 된장, 간장 가격이
2~3배로 급등해 대두 패닉

| 식량 위기의 첫 파도 |

오일 쇼크(석유 파동)가 일어난 해이기도 해서 사람들의 생활이 크게 요동치는 대사건이 되었어요. 러시아의 가뭄은 다양한 요인이 서로 영향을 미쳐서 엄청난 패닉이 일어나는 식량 위기의 첫 파도가 된 전형적인 예입니다.

그 후에는 농업의 생산 체제가 강화되어 1980년대부터는 수요

보다 조금 많은 생산량을 유지하게 되었어요. 그런데 이번에는 첫 번째 식량 위기와는 다른 모순이 나타났어요. 절대적인 먹을거리 생산량은 확보되었는데 여전히 식량 부족으로 고통받는 사람들이 있는 나라들은 없어지지 않는 모순, 즉 앞에서 말한 국제 분업에 의한 모순입니다.

수출하는 작물의 재배를 우선해서, 먹기 위한 작물을 재배할 수 없게 된 가난한 나라들에서는 국제 식량 가격의 영향을 강하게 받습니다. 수출 작물을 팔아도 충분한 먹을거리를 살 수 없어 굶는 사람들이 생겨나는 거예요. 이것이 '조용한 식량 위기'라고 부르는 두 번째 파도입니다.

외국에서 싸게 생산한 것을 들여와 비싸게 팔아 이익을 크게 남기는 국제 분업은 큰 자본으로 큰 이익을 내는 사람은 더욱 부자가 되고, 손해를 강요당하는 사람은 더욱 가난하게 될 수밖에 없는 결과를 가져와요. 또한 가난한 나라 안에서 빈부 격차를 심화시키고 기아 문제의 요인이 되어 왔어요. 사회적 불평등을 발생시킨다는 점에서 공해 문제처럼 취약한 위치에 있는 사람이 더욱 불이익을 당하게 되지요.

국가 간의 빈부 격차만이 아니라 국가 내의 빈부 격차가 생기네요

그렇습니다. 최근의 상황은 식량 위기의 세 번째 파도로 볼 수 있습니다. 지금의 위기는 더 복잡한 여러 요인이 겹쳐서 진행되고 있어요. 글로벌화된 오늘날의 세계는 각국이 서로 밀접하게 연결되어 있어서 사소한 사건이나 불안정한 사태가 생각지 못한 큰 파문을 일으키고 있어요. 곡물이 투기의 대상이 되기도 하고, 작물이 바이오 연료로 사용되면서 농산물 시장이 에너지 시장이 되어 경쟁하기도 해요.

전 세계의 농산물 등을 실제로 매매하는 곳을 국제 상품 시장이라고 하는데 시카고의 곡물 시장이 대표적이에요. 그와는 별도로 금융 관련 상품(각종 증권, 주식, 채권 등)을 사거나 파는 금융 관련 거래가 있어요. 금융 시장의 규모는 상품 시장보다 압도적으로 커서, 주식 시장이 약 7경 2천조 원, 채권 시장이 약 5경 5천조 원이라는 거대한 돈이 움직이는 데 반해 시카고 곡물 선물 시장은 규모가 작아 주식 시장의 천 분의 일 정도입니다.

그렇게 작아요?

곡물 시장은 규모가 작아서 금융과 관련한 작은 자금의 흐름에도 크게 영향을 받아 거래 가격이 심하게 오르락내리락해요.

2000년대 초 금융 시장의 투기적인 돈이 곡물 시장으로 흘러

들어 곡물 가격이 상승하면서 2007~2008년의 식량 위기를 일으켰어요. 세계 경제가 물건의 거래(실물 경제)보다 금융 부문을 비대하게 키운 결과 계속해서 세계적인 금융 위기를 일으켰고요.

2007~2008년에 일어난 세계 식량 위기 때에는 개발 도상국을 중심으로 전 세계 30여 개 나라에서 크고 작은 다양한 정치적 혼란이 있었어요.

카리브해의 아이티 공화국에서는 식품 가격이 급등하자 폭동이 일어나 총리가 해임되고 정권의 위기를 불러왔어요. 아이티는 1980년대 중반까지는 국내에서 소비되는 쌀의 대부분을 국내산으로 해결했지만, 그 후 무역 자유화가 되면서 미국산 쌀이 싼 가격으로 대량 수입되어 아이티 내 소비의 대부분을 차지하게 되었어요. 국민의 80% 이상이 1일 1달러 이하로 생활하는 아이티에서 수입 쌀의 가격 상승은 죽고 사는 문제가 되어 폭동으로 이어진 것이지요.

아시아에도 영향이 있었어요. 쌀을 수입에 의존하는 필리핀에서는 쌀 가격 급등으로 혼란이 확산되자 정부가 긴급하게 베트남에서 쌀을 수입하여 직접 싸게 판매하기도 했어요. 필리핀도 쌀을 자급하던 나라인데 값싼 미국 쌀이 수입되면서 생산성이 높은 농지나 논이 산업 용지나 바나나, 팜 등 수출용 작물 재배지로 바뀌면서 식량 위기를 겪은 것입니다.

식량 위기와 기아의 위험

이집트에서도 식료품이 두 배 이상 상승하여 파업과 시위가 일어나 오랜 기간 독재 체제를 유지해 온 당시의 무바라크 정권이 흔들렸어요. 그 후 2010년에 다시 식품 가격이 급등하자 중동으로 확산된 민주화의 파도가 이집트에도 영향을 미쳐 무바라크 정권이 무너졌어요.

식품 가격이 상승한 것뿐인데 그렇게 큰 일이 벌어지네요

곡물은 주식이어서 구입이 원활하지 않으면 절대적으로 곤란하지요. 곡물을 수입에 의존하는 가난한 나라들은 가계에서 식비가 차지하는 비율이 60~80%나 됩니다. 식품 가격의 급등은 삶과 죽음의 문제인 것입니다.

그 영향은 심각해서 중남미에서 2007년 밀과 옥수수 가격이 약 2배 이상 상승한 결과, 엘살바도르 농촌 지역의 평균적인 칼로리 섭취량이 2006년과 비교해 40% 감소했어요. 특히 어린이나 노약자의 영양 상태가 심각해진 것이 유엔세계식량계획(WFP)의 조사로 밝혀졌어요.

칼로리 섭취가 40%나 감소했다고요?

네, 유엔세계식량계획 사무국장은 단체 설립 45년 이래 최대의 위기라는 견해를 밝혔어요. 당시 세계 인구의 8분의 1이 굶주림으로 고통받았는데, 식품 가격의 급등으로 굶주리는 사람의 수가 1억 명 이상 증가했다고 유엔세계식량계획이 발표했어요.

가난한 나라 사람들이 항상 비참한 상황에 놓이네요

이들 국가들이 처한 고통은 결코 남의 일이 아니에요. 일본도 역시 농업의 국내 생산이 저조해서 대량의 식량을 외국에 의존하고 있어요. 정부는 주식인 쌀만은 어떻게든 국내 생산을 유지했는데 농가의 고령화가 진행되고 농업 후계자가 없는 심각한 상황입니다.

게다가 일본은 거액의 국가 부채를 지고 있어요. 해외에서의 식량 수입은 앞으로 더욱 증가할 것 같은데 언제라도 해외 식량을 살 수 있는 상황이 계속된다는 보장은 없습니다. 농산물 등 먹을거리가 투기 대상이 되고 있다고 앞에서 이야기했지요. 개발 도상국에서 발생한 식량 위기가 그대로 우리에게 발생한다고는 생각하기 어렵지만 국내 농업의 근간이 크게 흔들리는 상황은 개발 도상국과 마찬가지입니다.

심각하네요

식량 위기와 기아의 위험

금융에 치우친 세계 경제의 앞날은 어떻게 될지 예측이 불가능합니다. 기후 변화 등에 의해 농업 생산이 불안정해지는 것도 걱정이에요. 게다가 최근의 국제 정치 상황은 위험 요인이 커져서 세계 경제의 근간을 흔들고 있어요.

이와 같은 시대에 과거에 반복되었던 식량 위기가 주는 교훈에서 우리는 무엇을 배워야 할까요. 지금까지 우리의 성장 전략이었던 제조업 무역 강국을 가능하게 해 준 자원, 에너지, 식량을 언제 어디서든 싸게 살 수 있던 시대는 끝났다는 거예요.

지금까지의 전제가 무의미하게 된 거군요

그렇다고 할 수 있어요. 지금 우리는 다양한 측면에서 전환기에 있습니다. 유엔의 인구 통계에 따르면 2008년부터 2009년에 전 세계에서 도시 인구가 농촌 인구를 웃돌았습니다. 즉 세계적으로 식량을 소비하는 인구가 생산하는 인구보다 많아졌다는 것을 의미해요. 크게는 공업화나 도시화의 파도가 확산되어 전 세계를 휩쓸었기 때문이지요. 국제적인 분업과 무역 자유화가 그것을 더욱 촉진시키고 있어요. 그 결과 식량 생산과 소비 구조가 밑바탕부터 크게 변화하고 있는 것입니다.

앞에서 전 세계로 확산된 먹을거리 연쇄를 푸드 체인이라는 말로 표현했어요. 그와는 별도로 국제적인 분업과 무역에 의해 전개되는 식량 생산·소비 구조를 '푸드 시스템'으로 부르기로 할게요. 지금까지의 추이를 보면 이 푸드 시스템은 앞으로도 더 한층 소수의 거대 곡물 회사나 거대 유통·상업 자본의 지배를 받게 될 거예요. 농촌은 점점 더 쇠퇴하고 식량이 국제적인 무역 품목에 포함되어 돈벌이 수단이 되는 현실은 앞으로도 더욱 심화할 겁니다.

너무 위협적이에요

아니요. 이런 상황을 오히려 '또 하나의 다른 길'을 모색하는 기회로 삼을 수 있다고는 생각하지 않나요? 이와 관련해서는 제5장에서 이야기하겠습니다.

식량 위기와는 별도로 지금의 푸드 시스템이 불러일으키는 커다란 위험, 즉 다양성이 사라져 가고 있는 것에 대해 먼저 살펴볼게요.

지구상의 생물은 현재 알려져 있는 것만으로도 175만 종 정도, 미생물을 포함하는 미지의 생물종까지 포함하면 그 10배 이상이 존재한다고 알려져 있어요. 약 40억 년 전에 탄생한 지구의 생물은 진화를 거듭하면서 종의 수를 폭발적으로 늘리고 다양성을 넓히면서 환경 변화에 적응해 왔어요.

그렇지만 유엔환경계획(UNEP)에 따르면 세계 생물종의 상당한 수가 멸종 우려가 있고, 포유류의 5분의 1, 조류의 8분의 1, 양서류의 3분의 1이 멸종 위기종이 되었어요. 일본에서도 19세기 말 이후 개발이나 수렵 등으로 늑대를 비롯해 57종의 동식물이 멸종했어요. 현재 식물도 약 16%가 멸종 위기에 있다고 해요.

동물이나 식물이 사라지는 것이 왜 위기인가요?

지구상의 생물 다양성이 사라진다는 것은, 비유하자면 복잡하고 거대한 직물 조직이 절단되어 구멍이 생기기 시작하는 것과 같아요. 전체 생태계가 만들어 내는 다종다양한 연쇄가 끊어지면서 다양성에 의해 진화해 온 지구 생물의 토대(상호 의존 관계) 그 자체가 붕괴할 수도 있는 위기인 것입니다.

그중에서도 인간의 생존에 직접 연관되는 식량 자원의 다양성의 파괴가 심각해요. 인간은 오랜 세월에 거쳐 종자식물을 비롯하여 50만 종이나 되는 고등 식물 종의 약 7000종 정도를 재배 식물로 삼아 왔어요. 1960년대 무렵부터 보다 많이 수확되고 상품 가치가 높은 것이 선택되어 오늘날에는 약 30종의 작물에 인류의 전체 칼로리 섭취량의 90%를 의존하게 되었습니다. 그 대부분이 밀, 쌀, 옥수수 3대 곡물이고요. 또 가축화된 14종의 대형 가축 중

소, 양, 산양, 돼지, 말 5종이 대부분을 차지합니다.

전 세계에서 작물 30종, 가축 5종은 너무 적어요

그뿐만 아니라 보다 우수한 품종(슈퍼 품종)으로 집중되는 현상이 가속화되고 있어요. 쌀만 해도 다양한 쌀 품종(약 100종류) 중, 맛이 좋은 특정한 품종으로 집중되고 있어요. 재배 면적으로 비교하면 상위 4품종이 65%를 차지하고 있습니다.

채소도 과거에는 지역적으로 다양한 품종을 재배해서 여러 가지 맛을 즐길 수 있었는데 몇몇 품종으로 특화되는 사태가 벌어지고 있어요. 너무 획일화되자 최근에는 토마토나 피망, 감자 등은 몇 가지의 재래종이 시장에 다시 나오거나 '교배종'이 아닌 '재래 품종'을 다시 재배해 보는 시도도 생겨나고 있습니다.

품종이 다양하면 자연 변동의 위험이나 환경 변화에 대응할 수 있는 가능성이 높아지지요. 그러나 한 품종만 재배하게 되면 특정 조건이 좋을 때는 괜찮지만 그 조건이 맞지 않으면 전부 못 쓰게 될 수도 있습니다.

1840년대에 일어난 아일랜드의 감자 기근의 예는 앞에서도 이야기했는데, 그 후에도 1943년에 인도의 벼농사 지역에서 병이 퍼져 벵골 지방을 기근에 빠뜨렸고, 1946년에는 거의 1종류의 품종만 남아 있던 미국 귀리의 대부분이 전염성 병에 걸려 파멸적인 피해를 입었어요. 1970년에는 품종이 획일화된 미국 옥수수에 병이 번졌지만 대체 품종이 없어 수확량이 줄어도 대응할 수 없었고 그 결과 가격이 급등했어요. 이처럼 품종의 획일화로 한 번 피해가 발생하면 그 규모가 파멸적일 수밖에 없는 구조가 되었습니다.

그런데도 왜 특정 품종에만 집중하나요?

병에 걸리거나 기후에 문제가 발생하면 곤란하지만 이런 문제들만 아니면 이들 품종이 수익성이 좋기 때문이에요. 종자 회사가 열심히 연구 개발해서 우수한 종자를 만드는 것은 좋은 일이라고 할 수 있지만 그렇게 개발된 종자가 다른 품종을 압도해 버리면 그 종자만 살아남게 되지요.

다시 한 번 강조하자면 지구상의 생물은 다양하게 상호 의존 관계가 확대되면서 여러 환경에 적응해 번영하고 존속해 왔어요. 생물종이 멸종되고 품종 다양성이 사라지는 것을 막기 위해 국제적인 연구 기관이나 종자 회사들도 위험에 대비하는 유전자은행(종자나 유전자를 저장하는 은행) 등을 만들고 있습니다. 북극 가까운 곳에 거대한 세계 종자 저장고가 있어서 유사시에는 여러 유전자를 공급할 수 있게 하고 있어요.

이와 같은 유전자은행은 국가나 국제기관에서 소유하고 있고 그런 곳에서 유전자 자원을 보존하고 있으니 염려 없다는 견해도 있습니다. 하지만, 실험실 같은 환경에서 인공적인 관리와 보존을 하는, 이른바 생명 활동을 휴면 상태로 한 보존을 하고 있습니다. 특정한 품종을 선발해 집중해서 이용하는 한편, 인공 저장고에서 유전자 정보를 보관하면서 유사시에는 인공적으로 대응한다는 것인데 이것이 정말 괜찮은 것인지 확신하기 어렵습니다. 북극에 가까운 유전자은행에서는 최근의 기온 상승으로 저장고가 설치된 영구 동토가 녹기 시작해 대책이 시급하다고 해요.

한편 자연계에서 유전자 보존은 살아 있는 활동으로 자연스럽게 이어지고 있어요. 자연 속에, 사람들의 생활 안에, 농사를 짓는 가운데 다양한 유전자가 살아서 계승되고 있는 것입니다. 어떤 의미에서 우리들의 미래를 어떻게 구상할지에 관련된 선택의 문제인데 앞날의 전망은 불투명합니다.

조금 생소하지만 '자기 가축화'라는 말이 있어요. 인간이 자연과 이어진 전형적인 사례가 작물이나 가축입니다. 가축은 인간 없이는 살아갈 수 없는 존재인데, 가축만이 아니라 인간 자신도 살아남기 위해 사회를 이루며 사회 안에서 스스로 가축화한다는 의미예요.

식량 위기와 기아의 위험

먹이와 환경이 하나가 되어 살아간다는 말인가요?

그렇지요. 축산업의 경우 인간이 가축에게 먹이를 주고 환경을 관리해서 마지막에는 인간의 식량이 되게 하지요. 인간의 푸드 시스템도 어떤 의미에서 인간이 인간 자신을 잘 관리하는 제도로 발달하면서 쾌적한 세계가 실현되고 있어요. 이 점에서 보면 세계는 그로 인해 안정되고 있다고 볼 수도 있지만, 생물의 다양성이나 자연계의 긴 진화의 안정성에서 생각하면 어쩌면 진화의 막다른 길로 우리가 스스로를 몰아넣고 있는지 모르겠어요.

합리화나 쾌적성을 너무 추구한 나머지 획일화가 진행되고 다양성을 상실해 갑니다. '자기 가축화'라는 개념은 그런 가까운 미래상을 그려 보는 데 도움이 되지 않을까요?

이야기가 SF로 가는 것 같아요

지금의 현실 세계도 실제로 SF적인 세계가 되어 가고 있어요. 예를 들면 인간의 미각은 대체로 정해져 있어서 그 미각에 맞는 다양한 향신료나 재료들을 섞으면 어떤 맛도 만들어 낼 수 있다고해요. 컵라면과 스낵, 초콜릿이나 청량음료 등에도 'OO맛'이라는 광고 문구의 신제품이 계속 만들어지고, 이른바 가상 현실이 먹을거리 세계에서도 계속 확산되고 있어요. 미묘한 맛의 차이를 감지하는 미각 센서는 널리 보급되어 있고, 인공 지능이 발달하여 바둑이나 장기의 명인을 이긴 것처럼 머지않아 인공 지능 셰프가 만든 울트라 최고 요리가 화제가 될지 모르지요.

그럴까요?

다른 예를 들어 볼까요? 최근에 '스마트 농장'이 많이 생겼는데 실내에서 인공 조명과 비료, 물을 관리해서 공장 제품처럼 채소를 생산하지요. 또 '배 속을 다스린다', '지방 흡수를 억제한다', '건강 증진' 등을 내세운 기능성 식품도 많이 등장했고, 병으로 일상적인 식사가 불가능한 사람들을 위해 그것만으로 영양 섭취가 가능한 식품도 개발되고 있어요. 다양한 분야에서 기술 혁신이 일어나고 있어서 머지않아 3D 프린터로 먹을거리를 만들 수도 있습니다.

이미 유전자 변형 작물이 보급되고 있다고 앞에서 말했는데 최근에는 그 기술이 비약적으로 진보하고 있어요. 생명의 설계도인 DNA를 조작하는 게놈 편집 기술로 이미 초소형화된 마이크로 돼지가 만들어지고 있고, 일부 국가에서는 반려동물로 판매되고 있어요. 국내에서도 이 기술로 달걀 알레르기 유전자를 없앤 닭이 개발되었습니다. DNA를 합성해서 인공 생명을 만드는 합성 생물학 연구도 활발히 이루어지고 있어요.

정말요? 좀 무섭네요

우리는 앞으로 지구에서 살아갈 때, 인공물로 합리적으로 조립한 인공적인 세계에서 쾌적하게 사는 방향으로 갈지, 자연과 함께하며 때로는 불편을 참고 받아들이면서 가급적 자연 그대로를 존중하는 방향으로 갈지, 어느 쪽에 중점을 둘 것인지 선택해야 하는 시기에 왔다고 할 수 있습니다.

지금 우리는 플라스틱 제품을 사용하지 않는 생활을 상상하기 어렵고 철근 콘크리트로 만든 초고층 건물에 살고 있어요. 한편으로는 불편을 감수하며 자연이나 시골 생활로 돌아가는 움직임도 생겨나고 있습니다.

자연과의 직접적인 교감 속에서 인간성을 중시할 것인가, 인공적인 방향에서 인간성을 중시할 것인가. 이 시대는 이런 흐름 속에서 서로 갈등하며 흔들리고 있어요. 먹을거리와 관련해서 우리들의 삶의 방향이 어느 쪽을 향할지를 두고 서로 줄다리기가 계속되고 있습니다.

지금은 유전자 치료가 상용화되어 누구든 치료를 받을 수 있어요. 유전자 자체를 조작해서 인간의 유전자를 개량하는 것은 법으로 막고 있지만, 치료 목적으로는 이미 여러 형태로 유전자에 대한 조작이 이루어지고 있지요. 길게 보면 인간의 유전자가 인간의 손으로 변형되어 가는 과정이 진행되고 있다고 할 수 있습니다.

또 인간의 기능을 기계가 대신하기도 합니다. 심장병 환자들이 체내에 삽입하는 심장 페이스메이커나, 보청기로도 듣기 어려운 사람들이 귀에 삽입하는 인공 귀 등 인체의 기능을 보조하는 기기는 널리 사용되고 있어요. 의족이나 의수도 정교하게 만들어져서 앞으로는 기계와 인간이 일체화하는 방향으로 진행되겠지요(말하자면 사이보그이지요). 지금 스마트폰이 생활과 밀접하게 연결되어 있어서 없으면 살아갈 수 없는 상황이 되고 있는 것처럼요.

잠깐요, 먹을거리에서 멀리 떨어진 이야기인데요

그렇게 생각하는 것도 지극히 당연합니다. 그러나 이 책의 첫머리에서도 이야기한 것처럼 먹을거리는 인간과 자연을 이어 주는 다리예요. 미래의 먹을거리를 생각하는 것은 자연과 어떤 관계를 맺으며 상생하는지와 직결되어 있어요. 그것은 인류의 미래 모습과도 이어져 있습니다.

이제 다시 이야기를 우리 주변의 화제로 돌려서 먹는 방식으로 어떻게 세계가 변할 수 있는지에 대해 생각해 보기로 해요.

식량 위기와 기아의 위험

5
먹는 방식을
바꾸면 미래가
달라진다

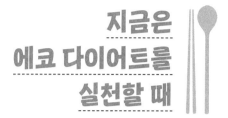

지금은
에코 다이어트를
실천할 때

먹는 방식을 바꾼다는 것이 무슨 말인가요?

지금의 푸드 시스템의 모순을 줄이려는 움직임은 이미 여기저기
서 시작되고 있어요.

한 예로 버리는 음식을 줄이는 것입니다. 먹을 수 있는데도 버
려지는 음식을 폐기 음식이라고 해요. 국내에서 소비되는 전체 식
재료의 30%(약 2800만 톤)가 버려지고 있고 그중 폐기 음식은 대

략 연간 632만 톤이에요. 엄청난 양으로 유엔세계식량기구가
2014년에 지원한 식량 원조량의 2배나 됩니다.

편의점이나 패스트푸드점에서
유통 기한이 지난 도시락을 버리지요?

네, 그런 것도 있어요. 폐기 음식은 사업장 폐기와 가정용 폐기(음
식물 쓰레기)로 나뉩니다. 2013년의 통계로는 사업장 폐기가 330만
톤, 가정용 폐기가 302만 톤이었어요.

가정용 폐기가 생각보다 많은데요?

가정용 폐기는 먹다 남은 음식물이나 채소나 과일을 손질하면서
나오는 껍질, 냉장고에서 유통 기간이 지난 음식 등이 대부분이
에요.

사업장 폐기는 편의점이나 패스트푸드점에서 폐기되는 것 외
에도 식당에서 손님들이 남긴 음식, 식품 회사의 제조 과정에서
나오는 자투리나 불량품, 용기에 담는 과정에서 실수가 발생해 못
쓰게 되는 음식들, 상품 포장지에 난 상처 등으로 판매가 불가능
한 것, 슈퍼나 가게에서 팔다 남은 것 등이에요.

그렇게 버려지는 것도 우리가 돈을 지불하고 있는 거지요?

그래요. 우리가 지불하는 돈은 폐기되는 상품의 비용도 포함하고 있어요. 경제적으로도 손실인데 모두 소비자가 부담하는 것이지요.

슈퍼나 시장에서는 손님이 필요할 때 언제든 구입할 수 있도록 (판매할 수 있는 기회를 놓치지 않기 위해) 선반에 항상 빽빽하게 상품을 진열해요. 품절되지 않게 하기 위해 조금 넉넉히 주문하기 때문에 그만큼 버려지는 상품도 많아요.

그래서 조금 작은 규모의 슈퍼나 특산물이나 유기 농산물을 파는 전문 상점 중에는 오래되어 못 쓰게 된 상품을 줄이기 위한 주문 시스템을 도입하는 곳도 생겨나고 있어요.

또 식품 회사가 슈퍼마켓 등에 납품하는 제품의 유통 기한은 대개 제조부터 유효 기간까지의 기간 중 최초 3분의 1 이내인데 이것이 버려지는 식품이 많아지는 원인의 하나가 되고 있어요. 즉 유통 기한이 지나치게 짧은 것이지요. 그래서 농림축산식품부의 요청으로 유통 기한을 유효 기간의 2분의 1 이내로 하려는 정책이 검토되고 있어요.

이밖에도 식품 관련 사업자에게 식품을 재활용해 식품 폐기를 줄이도록 촉구하는 법률도 시행되고 있습니다.

지금은 에코 다이어트를 실천할 때

설마 다시 조리해서 파는 것은 아니지요?

물론 다릅니다. 식품 재활용이란 예를 들면 마트에서 반찬을 만들 때 나오는 채소 꽁다리나 생선 뼈 등의 식품 찌꺼기를 퇴비 등으로 활용하는 거예요. 그 퇴비를 주어 기른 채소를 마트나 시장에서 다시 판매하거나 또는 사료로 가공해 그것을 먹여 기른 돼지의 고기를 판매하는 것을 식품 재활용이라고 해요. 이런 노력을 하고 있는 슈퍼마켓이나 시장이 이미 있습니다.

또 마요네즈나 컵라면 등은 제품의 산화를 억제하는 기술이나 포장 기술의 향상으로 유통 기한이 늘고 있고요.

먹을 수 있는 기간이 길어지면 그만큼 음식을 버리지 않아도 되겠네요

그렇지요. 여기서 '소비 기한'과 '유통 기한'에 대해 알아보기로 해요.

'소비 기한'은 적혀 있는 보존 방법을 지켜서 보존한 경우에는 '안전하게 먹을 수 있는 기간'이라는 의미예요. 도시락, 샌드위치, 생면, 케이크 등 상하기 쉬운 식품에 표시되어 있어서 그 기간이 지나면 먹지 않는 것이 좋아요. 대개 제조 후 5일 정도까지입니다.

한편 '유통 기한'은 포장 봉투나 용기를 열지 않은 상태로 적혀 있는 보존 방법을 지켜서 보존한 경우 '품질이 변하지 않고 맛있게 먹을 수 있는 기간'을 의미해요. 스낵, 컵라면, 치즈, 통조림, 페트병 음료 등 장기간 유통되는 식품에 표시되어 있어요. 이 기간이 지나도 즉시 못 먹게 되는 것은 아니고 색이나 냄새, 맛을 체크해서 이상이 없으면 먹을 수 있습니다.

상하기 쉬운 식품의 경우는 '소비 기한', 장기간 유통되는 식품의 경우는 '유통 기한'이라고 구분해서 사용합니다(한국의 경우 '유통 기한'은 제조일로부터 소비자에게 유통 및 판매가 허용되는 기간이고, '소비 기한'은 표시된 조건에서 보관하면 소비해도 안전에 이상이 없는 기간입니다. 2023년 1월 1일부로 유통 기한을 소비 기한으로 개정하며, 단, 우유류는 도입이 유예됩니다).

폐기되는 음식을 줄인다 해도 가난한 나라 사람들의 굶주림이 없어지진 않지요

그렇지요. 굶주림으로 고통받는 사람들이 가까이에 있으면 폐기되는 음식을 활용할 수 있지만 해외로 운반하는 것은 다른 문제이니까요. 그러나 어떻게 생각하느냐에 따라 앞으로 일상생활이나 관련된 산업에서 음식물 폐기를 줄이기 위한 효과적인 방법을 찾

지금은 에코 다이어트를 실천할 때

는 데 영향을 끼치게 될 겁니다.

이와 관련해서 '에코 다이어트'에 대해 소개할게요.

다이어트는 날씬해지기 위해, 또는 건강해지기 위해 하는 것인데 에코 다이어트는 나 자신을 위한 것이기도 하고, 지구를 위한 것이기도 해요. 지금까지 이야기한 것처럼 세계의 식량을 선진국이 지나치게 소비하고 있고 가난한 나라 사람들은 겨우겨우 목숨을 이어 가는 정도로 식량이 충분하지 않은 경우도 많아요. 그런 격차가 점점 심해지고 있고요.

에코 다이어트는 여러분 자신의 생활을 되돌아보는 겁니다. 과식은 몸에도 좋지 않고 음식을 버리면 환경에 부담을 주게 되지요. 먹을거리를 낭비하는 선진국이 다이어트를 하면 개인의 건강도 좋아지고 환경 부담도 줄어들게 되어 개인만이 아니라 지구 전체의 다이어트가 되는 거예요. 우리 개인의 건강과 환경이 이어져 있다는 말이지요.

실제로 어떤 것인지, 제3장에서 소개한 1960년대의 식사와 2017년의 식사를 예로 들어 살펴보기로 해요.

1960년대의 식재료는 거의 근교에서 재배한 것이었는데 지금의 식재료는 대부분 먼 지역이나 나라에서 운송해 온 것입니다. 신선한 상태를 유지하며 장거리를 운송하기 위해서는 에너지를 많이 사용하게 되어 이산화 탄소 배출량도 많아져요. 우리가 매일 먹는 지금의 식사를 1960년대의 식사와 비교하면 운송에 드는 에너지는 5.8배, 이산화 탄소 배출량으로는 6.6배입니다.

경작 면적으로 비교하면 지금의 식사는 국외의 사용 면적을 포함해 3.2배입니다. 국외 농지 중에는 가난한 나라의 농지도 포함되어 있어서 그곳에서 재배한 농산물은 전부 부자 나라로 수출되고, 정작 자신들이 먹을 식량을 재배할 땅은 없어 굶주리고 있는 상황에 대해서는 앞에서 이야기했습니다.

또 국내 채소 생산에 사용되는 에너지를 비교해 보면 지금의 식사는 이산화 탄소 배출량이 약 8배입니다. 이것은 '제철'이 아닌 채소를 먹기 때문이에요.

'제철'은 해당 채소나 과일을 자연스럽게 재배해서 가장 맛있는 시기를 말합니다. 이 시기의 먹을거리는 영양가가 높고 맛있는데다 많이 수확되기 때문에 가격도 싸서 '제철' 먹을거리를 먹으면 여러분 건강에도 좋고 경제적으로도 이득이에요. 재배 과정에서도 에너지를 많이 사용하지 않아도 되기 때문에 환경에도 좋아요. 그런데 사람들의 요구는 다양해서 그 요구에 대응하다 보니 당연히 여러 종류가 생산됩니다.

토마토를 예로 들어 '제철' 시기와 그 이외의 시기의 소비 에너지를 비교해 보면 '제철'에 재배하는 것과 제철이 아닐 때 재배하는 것은 무려 10배의 에너지 소비량의 차이가 있었습니다.

| 토마토 1kg을 생산하는 데 필요한 에너지(단위 kcal) |

먼 나라에서 많은 에너지를 사용해서 먹을거리를 운송하거나 하우스나 온실 재배 등으로 제철 시기와 무관하게 음식을 소비하는 식생활은 환경 문제나 자원 낭비라는 점에서 깊이 돌아볼 필요가 있어요. 전 세계적으로 보았을 때는 개발 도상국에 부담을 주고 있고요.

또 육식이 증가하면서 환경 부담이 높아졌어요. 고기 생산에는 몇 배나 되는 곡물이 필요하기 때문에 그만큼 많은 경지 면적이 사용되니까요. 예전에는 들판에서 가축이 자유롭게 풀을 먹었지만 오늘날은 농지에서 사료용 작물을 재배하기 때문에 직접 식량 생산에 이용할 수 있는 토지가 줄고 있어요. 특히 가축을 대량으로 사육하게 되면 분뇨로 인한 오염 문제도 크게 발생하지요. 고기를 어느 정도 먹어야 하는지 잘 고려하는 것도 에코 다이어트가 됩니다.

그러면 단백질이 부족해질 텐데요?

최근에는 단백질의 지나친 섭취가 오히려 문제예요. 영양 균형이 중요해서 고기나 지방에 치우친 식사는 건강에도 나쁘고 환경에도 큰 부담이 돼요.

1960년대의 식생활처럼 근교에서 재배한 제철 채소를 중심으로 식생활을 하면 운송이나 생산에 드는 에너지를 줄일 수 있고, 고기 섭취도 적절하게 하면 곡물 소비량도 줄어서 우리 자신과 지구를 위한 다이어트가 됩니다.

1960년대의 식사로 되돌아가는 것이 에코 다이어트예요?

무조건 옛날로 돌아가는 것이 좋다는 것은 아니에요. 옛날과는 달라진 세계 상황도 많이 있어요. 오늘날의 먹을거리를 둘러싸고 우리들은 가까운 지역 안에서의 관계와 함께 세계와의 관계도 생각해야 해요. 지구에 사는 인간 모두가 함께 살아가기 위한 에코 다이어트이어야 합니다.

경제 발전이 가속화되고 있는 중국이나 아시아 여러 나라에서는 앞으로 선진국처럼 식생활이 변화할 것이라 예상되어 고기 소비량도 증가할 전망입니다. 이렇게 서양식 식생활을 하는 사람이 계속 늘어나면 그것만으로도 지구에 부담이 엄청나게 증가하게 되지요.

생태계를 살리는
'먹을 수 있는 경관' 운동

앞으로 식량이 부족해질까요?

일률적으로는 말하기 어려워요. 현재 세계의 인구는 증가하고 있지만 여성 한 명이 평생 낳는 자녀의 수는 유럽, 북미, 중남미, 아시아 등 세계 각지에서 이미 감소하고 있어요. 유엔은 2050년에 세계 인구가 97억 명까지 증가하는 것으로 예측하고 있어요. 많은 전문가들이 지구에는 이만큼의 인구를 먹여 살리는 데 충분한 자원이 있다고 예측하지만 인구수뿐만 아니라 식생활이나 소비 형태에 따라 그 양은 달라집니다.

현재의 먹을거리에는 대규모화, 기계화를 추진한 산업적인 농업에 의한 먹을거리와 소농민이 짓는 전통적인 농업에 의한 먹을거리가 있다고 했지요? 지금은 산업적인 농업이 급속하게 확대되고 있고요. 실제로 지구상의 인간을 누가 얼마나 먹여 살리는지 두 가지를 비교한 데이터가 있습니다.

산업화된 푸드 시스템은 소비되는 먹을거리의 30%를 제공하고 있는데 그것을 위해 사용하는 면적은 농지로 이용 가능한 토지의 70~80%입니다. 한편 소농민은 소비되는 먹을거리의 70%를 제공하고 있는데 그것을 위해 사용하는 면적은 농지로 이용 가능한 토지의 20~30%입니다.

와우, 어째서 그렇게 되지요?

세계 인구 중 가난한 나라의 인구가 70% 정도를 차지하고 있는 것이 하나의 이유예요. 그런 지역에서는 가족농업 등 소농민이 대부분을 차지하지요.

한편 산업적인 농업은 석유 등 화석 연료를 많이 사용해 이산화탄소 배출 등 지구 온난화의 원인을 제공하고 물도 많이 사용해서 환경 부담 요인이 되고 있어요. 그리고 기계가 작업 가능하도록 땅을 긁어내기 때문에 많은 표토가 사라집니다. 한편 소농민이 하는 농업의 화석 연료 소비량은 산업화된 농업에 비해 절반 이하입니다.

산업적인 생산으로는 지극히 제한적인 품종밖에 생산하지 않지만, 소농민은 자급자족을 하거나 전통적인 재래종 등을 생산하고 있어서 상품으로 시장에 나오지는 않지만 여러 품종이 재배되고 있어요. 가축도 마찬가지여서 산업적 축산으로는 소, 돼지 등 5종류가 제한적으로 사육되지만, 소농민 축산에서는 여러 가축이 사육되고 있어서 생태계의 다양성을 유지하는 데 공헌하고 있습니다.

소농민은 대단하네요

원래 농업은 생태계의 순환에서 인간이 미생물 같은 역할을 하는 것이라고 했지요? 당연히 전통적인 농업은 식량을 생산하는 것만이 아니라 환경에 대해서도 무리하지 않는 순환을 만들어 왔습니다. '신토불이'라는 말이 있지요. 사람의 몸과 토지는 뗄 수 없고 생태계의 순환 속에서 살아가는 것을 말해요. '지구와 함께 살아가는 인간'이라고 할 수 있지요.

이러한 농업의 대단함을 새삼 알게 된 사람들이 각지에서 여러 노력을 하고 있습니다. 앞에서 소개한 식품 재활용도 미생물과 농업의 힘을 활용했는데 국내에서는 이미 40여 년 전부터 지역에서 식품 폐기물이나 음식물 쓰레기를 퇴비로 만들어 재활용하고 있어요. 또한 화학 비료나 농약을 사용하지 않는 유기 농업을 지역 살리기의 중심으로 삼아 음식물 쓰레기만이 아니라 분뇨를 발효 처리하는 유기 재활용 시스템을 만들고 있습니다.

분뇨라면 혹시…

인간의 대소변이지요. 1950년 무렵까지 농촌이나 도시 근교의 농지에서는 사람의 분뇨를 발효시킨 비료인 거름이 널리 사용되었어요. 농업 근대화가 진행되면서 비위생적이라는 이유로 사라졌지만 최근에 과학 기술을 사용해서 분뇨를 퇴비화하는 공장들이 생겨나고 있어요.

또 일부 지역에서는 음식물 쓰레기의 효과적인 활용을 중심에 두고 먹을거리와 농업과 토질 개선을 직결시키는 시도를 하고 있어요. 즉 작물을 재배하는 것과 먹는 것을 지역 안에서 순환시키는 것을 목표로 하는 것이지요. 음식물 쓰레기를 줄여 절감된 비용을 퇴비를 만드는 데 사용해서 양질의 퇴비를 지역 농가에 싸게 제공하고 있어요. 그만큼 지역의 농산물 활성화로 이어지고 있습니다.

나아가 음식물 쓰레기를 퇴비로 바꾸는 과정에 메탄가스의 발효 설비를 포함시켜 바이오 가스를 추출하고, 나머지는 액체 비료로 만들어 논에 이용하는 시도를 일부 지자체와 시민 단체가 힘을 합해 추진하고 있습니다.

또 순환의 가장 기본적인 요소인 물의 순환에 주목하여 수자원 전체로 자연을 보전하는 활동이 각지에서 확산하고 있어요. 바다를 지키는 운동이 산의 삼림을 지키는 운동과 연대함으로써 생태계의 순환의 고리를 되돌리려는 것이에요. 산의 수원지 주변에 사는 사람들과 함께 나무 심기나 산림 보호를 추진하고, 중간 지점에 위치하는 농민들도 농약 사용을 자제하고 합성 세제를 사용하지 않는 등 수자원을 중심으로 생태계 선순환을 시도하고 있습니다. 이와 같은 움직임에 도시 주민들이 협력하는 일도 생겨나고 있어요.

생산자와 도시 주민이 협력하는 활동으로 '논 트러스트'나 '계단식 논 트러스트' 운동도 각지에서 행해지고 있어요. 생산하는 사람과 소비하는 사람이 '매매' 관계로만 그치지 않고 함께 안전한 쌀을 만들 수 있는 논을 지키고, 경작이 힘들거나 돌보지 못해 황폐하게 된 계단식 논을 재생하려는 운동이에요.

생태계를 살리는 '먹을 수 있는 경관' 운동

이와 같은 운동은 농촌만이 아니라 도시에서도 진행되고 있습니다. 최근에는 도시 근교에서 시민들이 농장을 가꾸는 사례가 늘고 있고, 이는 세계적인 흐름이기도 합니다. 주변의 공터나 공원에 풀이나 꽃 대신 농작물을 기르는 시도나 그룹 활동이 특히 선진국의 도시에서 전개되고 있어요. 생명의 근원인 먹을거리를 가까운 곳에서 스스로 기르는 시도가 탄소 제로 운동이나 기후 문제와 맞물려 세계적으로 관심을 받고 있는 것입니다.

하나의 사례로 미국 서부 해안의 흥미로운 활동을 기록한 다큐멘터리 영화 〈먹을 수 있는 도시 Edible City: Grow the Revolution〉가 있고, 독일 라인 강가의 어느 동네에서는 관엽 식물을 심었던 공공 광장에 채소나 과일 나무를 심어 그 지역 주민이라면 누구나 거기서 과일이나 채소를 수확해도 된다고 해요.

공짜로 수확한다고요?

네, '거리의 가치를 높이는 일, 광장을 식생활의 중심으로 만드는 일'을 목표로 만들어진 이런 거리나 광장이 몇 군데나 있어서 재래종이나 희귀종을 기르고 있다고 해요. 종의 다양성을 이어가기 위해 종자를 집으로 가져가서 각자의 집 마당에 심는 것도 적극 권장한다고 합니다. 이 사업은 공원 운영비 절약에도 크게 도움이 돼서, 운영비가 관엽 식물을 심었을 때의 10%밖에 들지 않아 지역의 예산 절감에도 공헌한다고 합니다.

독일의 수도 베를린에는 시민이 운영하는 도시 농원이 있는데, 비행장이었던 곳의 일부를 공공 농원으로 조성해 토마토, 가지, 단호박, 애호박, 양상추, 딸기 등 다양한 작물을 유기농법으로 재배해 정기적으로 시장을 열어 판매한다고 합니다.

또 '먹을 수 있는 경관 Edible Landscape'이라는 운동도 있어요. 먹을거리의 풍요로움으로 둘러싸인 경치라는 뜻으로, 자연 속에서 누리는 삶에 대한 동경이 현대에 되살아난 느낌이지요. 생각해 보면 예전에는 자연이 가까이에 있어서 들이나 산에서 산딸기나 으름, 오디를 따 먹기도 했어요. 봄에는 산나물을 캐기도 하고 가을에는 감이나 밤을 따서 간식으로 먹었습니다. 살고 있는 주변 풍경 속에 먹을 수 있는 것들이 넘쳐 나는 상상을 해 보세요.

생활하는 곳 가까이에 먹을 수 있는 것들이 많아지면 전쟁과 같은 비상시에 식량 확보를 하기 쉬워집니다. 뒷마당에 먹을거리를 심어 그것으로 생활하는 것은 전 세계 여러 문화에서 공통적으로 볼 수 있었어요. 우리 생활에서 옛날부터 계승되어 온 것입니다. 그것이 어느 순간 사라졌지만, '먹을 수 있는 경관' 운동이 식량 위기에 대비하고 더 나아가 자연과의 연결 고리를 다시 이어 보려는 시도가 되지 않을까요?

생태계를 살리는 '먹을 수 있는 경관' 운동

6

넓은 시야로
보는
먹을거리

원전 사고 후의 먹을거리에 대한 생각

원전 사고를 생각하면 무서워져요

앞으로의 먹을거리 형태를 생각할 때, 2011년 3월에 발생한 후쿠시마 원전 사고의 영향을 생각하지 않을 수 없어요. 사고를 일으킨 후쿠시마 제1 원전에서 방출된 방사성 물질에 의해 엄청나게 넓은 토지가 오염되었고, 그로 인해 많은 농가나 낙농가, 축산업 종사자가 먹을거리를 생산할 수 없게 되었어요.

원전 사고 후 농산물에 포함된 방사성 물질을 검사하는 체제가 갖춰져 후쿠시마에서 생산되는 쌀은 모두 검사하고 채소나 과일 등도 농협이나 시민 단체 등 여러 곳에서 검사하고 있습니다. 검사 결과는 각 단체의 홈페이지에 공개되고 있는데 사고 후 몇 년이 지나 방사성 물질이 검출 한계를 넘어 검출되는 일은 거의 없어졌어요. 농림축산식품부가 발표하는 측정 결과를 보아도 방사성 물질이 검출되는 것은 산나물이나 야생 동물 등뿐이에요. 그렇지만 후쿠시마산 농산물은 지금도 인기가 없어서 싼 가격으로밖에 팔리지 않습니다.

그거야 아주 조금이라도 오염되었을지 모르니까 당연하지요

1945년부터 1980년에 걸쳐서 미국이나 소련, 프랑스 등 핵무기를 가진 많은 나라들이 대기권 내 핵 실험을 해 왔어요. 그 실험으로 공기 중에 흩어진 방사성 물질에 의해 실은 훨씬 전부터 전 세계의 토지와 작물이 모르는 사이에 조금씩 오염되고 있었어요.

이런 핵 실험들에 의한 오염이 어느 정도였는지 체르노빌 원전 (1986년 4월) 사고와 후쿠시마 원전 사고와 비교해 볼게요. 핵 실험에 의해 방출된 방사성 물질 중 세슘137만 보더라도 체르노빌 원전 사고의 11배, 후쿠시마 원전 사고의 70배 정도나 돼요.

네, 대기권은 모두 이어져 있어서 지구 규모로 공기가 흐르기 때문에 전 세계가 오염되었다고 할 수 있어요.

지금은 대기권 내의 핵 실험은 하지 않지만 그 이외의 문제도 있어요. 현재 세계에는 400기가 넘는 원자로가 있는데, 그중 어느 원자로에서든 사고는 날 수 있어요. 원전은 정상적으로 가동되고 있을 때에도 아주 적은 양이지만 주변에 방사성 물질에 의한 오염이 발생하는데, 일단 사고가 나면 대기 오염과 주변의 피폭 피해가 어느 정도인지는 파악조차 할 수 없습니다.

일본에는 33기의 원자로가 운전 중에 있고 한국에는 24기, 중국에는 54기의 원자로가 운전 중에 있어요(원전안전운영정보시스템 2022년 4월 기준). 한국 어딘가에서 사고가 나면 일본으로의 영향은 피할 수 없습니다. 마찬가지로 후쿠시마 원전 사고로 한국에 피해를 주고 있고, 만일 중국에서 원전 사고가 난다면 한국과 일본이 직접 피해를 입게 됩니다. 원전만이 아니라 원자력 잠수함이나 원자력 항공 모함, 게다가 핵무기를 포함해 군대에서도 다양한 형태로 원자력이 사용됩니다. 우리는 이미 '방사능 위험 사회'에서 살고 있는 것입니다.

1952년	캐나다	초크 리버	5
1957년	영국	윈즈케일	5
	소련(지금의 러시아)	키슈템	6
1977년	체코슬로바키아(지금의 슬로바키아)	야슬로프스키 보니체	4
1979년	미국	스리마일 섬	5
1980년	프랑스	생 로랑 데 조	4
1983년	아르헨티나	부에노스아이레스	4
1986년	소련(지금의 우크라이나)	체르노빌	7
1987년	브라질	고이아니아	5
1993년	러시아	톰스크	4
1999년	일본	도카이무라 JCO	4
2008년	벨기에	플뢰뤼스	4
2011년	일본	후쿠시마	7

| 1956년 이후에 전 세계에서 발생한 주된 원전 사고와 그 규모 |

7	심각한 사고
6	큰 사고
5	광범위한 영향을 미치는 사고
4	국지적인 영향을 미치는 사고
3	중대한 이상 현상
2	이상 현상
1	일탈
0	척도 미만
평가 대상 외	

| 국제 원자력 사고 평가 척도에 따른 사고 분류 |

그래도 먹을거리는 안전해야지요

그렇지요. 안전한 것을 먹고 싶다는 마음은 중요합니다. 물리적으로 어딘가에 선을 긋는다 해서 이쪽은 방사능 오염으로부터 안전하고 저쪽은 위험하다는 식으로 구분할 수 없어요. 더 넓고 큰 의미에서 생각할 필요가 있습니다.

첫째로 지구는 모두 이어져 있어서 열심히 도망가더라도 어디서 무슨 일이 발생할지 모릅니다. 또 방사능에 따른 피해는 시간적으로도 공간적으로도 한정할 수 없어서 지금이 아니라도 피해를 입을 수 있고 지역을 넘어서도 안전을 보장할 수 없어요.

방사성 물질을 이용하는 것은 우라늄 등의 원료를 광산에서 채굴해 정제하는 과정부터 늘 피폭 문제를 내포하고 있어요. 또 최종적인 처리와 보존 관리에서도 인간의 역사적 시간(수십 년부터 수백 년)을 훨씬 뛰어넘는 대응을 각오해야 해요. 방사성 물질은 사용 후 연료나 폐기물을 포함해 몇만 년 동안 방사선을 방출하기 때문에(플루토늄의 방사능의 반감기는 2만 4천 년), 어딘가에 폐기했다고 해도 늘 함께할 수밖에 없어요. 즉 방사능의 위험성은 피할 수 있는 것이 아니니 직면하고, 또는 어떻게 받아들일지 태도를 정해야 해요. 그때그때의 안전만 생각해서는 문제를 모두 파악할 수 없습니다.

원자력(핵)을 이용함으로써 생기는 위험은 긴 시간 속에서 인류가 ─ 여러분의 손주나 손주의 손주일 수도 있는데 ─ 떠안을 각오가 필요해요. 지금은 그저 우연히 후쿠시마 사람들이 피해를 입고 있지만, 다음엔 그 피해가 나에게 닥칠 수도 있는 것이지요. 후쿠시마만이 아니라 지구 저편에서 일어나는 사고라도 그 피해자가 나였을 수도 있다는 마음을 갖는 것이 중요합니다.

잘 모르겠어요

안전은 매우 중요하지만 간단한 문제가 아니라는 것입니다. 개인적으로 안전을 확보했다고 해도 그것은 지극히 부분적이며 일시적이고, 원자력의 위험에 대응하는 것은 그런 차원의 문제가 아니라고 할 수 있어요. 원자력 문제는 모두 함께 대응 방법을 만들지 않으면 해결되지 않습니다. 앞에서 이야기한 것처럼 원전 사고로 방사능에 한번 오염이 되면 개인이 해결할 수 있는 수준을 넘어버려요. 단기간에 해결되는 문제도 아니고 어느 한 작물에 그치지도 않습니다. 어느 먹을거리가 위험한지 아닌지 정도의 이야기만 한다면 진정한 문제 해결은 되지 않고 문제를 보는 시각이 좁아집니다.

너무 어려워요

어렵지요. 인간은 사회 속에서 살아가요. 그렇기 때문에 개인적인 안전만 지향해서는 안 되고 더 큰 안전, 사회 전체의 문제로 받아들여야 해요. 피해를 입은 사람들의 고통과 어려움을 공감하고 활동을 응원하는 것도 위험에 대한 중요한 대응 방법이에요.

원전 사고 후 원전 주변 농업인들은 토지의 방사능 오염과 자신들이 입은 피폭, 건강에 대한 불안에 더해 애써서 재배한 작물이 팔리지 않거나, 팔려도 정당한 평가를 받지 못해 싸게 팔리는 등 이중 삼중의 피해를 입었어요. 그럼에도 불구하고 자신이 일군 땅을 떠나지 못해 거기서 최선을 다하는 사람들이 많습니다.

후쿠시마의 어느 협동조합에서는 방사능 오염을 조합원 스스로가 측정해서 파악하고 여러 가지 시도를 통해 작물의 방사성 물질을 최대한 낮추는 대책을 세우고 있어요. 동시에 농사를 짓는 조합원들의 피폭도 줄이기 위한 대책을 세우면서 작업을 하고 있어요. 또 철저하게 안전성 확인을 함으로써 작물을 사 먹는 소비자와의 연대를 구축하고 있습니다.

이런 일들을 피해자인 농민들이 떠맡는 상황은 매우 문제가 있어요. 그러한 노력에 대해 차가운 시선도 있지만 가능한 것들부터 실제로 행동해서 성과를 내고 있는 것이지요. 안전을 확인한 그 농산물을 먹는 것은 안전이란 무엇인가, 위험이란 무엇인가를 생각하는 첫걸음이 됩니다.

또 후쿠시마 제1 원전에서 20km권 내에 걸쳐 있는 어느 지역에서는 유기농 재배 농민들이 중심이 되어 협의회를 만들어서 예전에는 벼농사를 짓던 논에 유채꽃을 심었어요. 유채씨로 만든 카놀라유에는 방사성 물질인 세슘이 포함되지 않기 때문이지요. 체르노빌 원전 사고 후에 우크라이나의 농지 재생에 힘써 온 NPO(비영리 조직)도 그 지역 농업 고등학교의 농업 동아리나 양계업 농가들과 협력해서 카놀라유, 마요네즈, 드레싱 등을 상품화하고 있어요.

이 일에 공감한 도쿄의 자연 화장품, 비누 회사 등이 이 카놀라유를 원료로 해서 만든 비누를 판매했는데 평가가 좋았고 그래서 카놀라유 제조를 지원하는 등 단순히 원료를 사는 것만이 아닌 관계도 구축되고 있어요. '지역의 자연 자원을 순환시키는 삶으로 변화시키겠다는 의욕이 원전 사고 후에 커졌다'는 농가들이 지역민들, 협력해 주는 사람들, 소비자들과의 관계를 만들면서 지역 재생을 꿈꾸고 있습니다.

이처럼 피해를 입은 사람들과 그 사람들과 하나가 되어 활동하는 사람들, 공감하고 응원하는 사람들의 연대와 활동은 많이 있어요. 그 하나하나가 방사능의 위험을 자신의 문제로 받아들이는 활동이에요. 진정한 의미에서 위험에 대응하는 시도는 이미 시작되었습니다. 환경 문제, 기후 난민 문제 등도 마찬가지예요. 세계적인 위기를 나의 문제로 연결하는 것에서 시작해서 다음 단계로, 그리고 진정한 의미의 위기 극복으로 나아가야 할 것입니다.

이러한 문제들은 현재의 세계가 안고 있는 모순이 그대로 드러난 결과입니다. 그래서 거기에는 배워야 할 많은 것들이 숨어 있어요. 원전 사고 같은 부정적인 사고를 겪었기 때문에 앞으로 사회를 어떤 식으로 더 좋게 만들 수 있는지 알게 되었습니다. 기후 문제로 발생하는 식량 위기도 마찬가지입니다. 보다 좋은, 안전한 사회를 만들 수 있는 열쇠는 미래를 살아갈 여러분이 찾아내야 하는 것은 아닐까요.

원전 사고 후의 먹을거리에 대한 생각

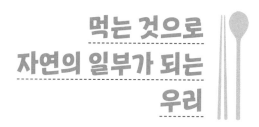

먹는 것으로
자연의 일부가 되는
우리

먹는다는 것에 대한 관점을 바꿔 보라는 말이죠?

우리의 생명과 직결되는 먹을거리의 세계는 얼핏 깊고도 신비해 보이지만 막상 뚜껑을 열고 들여다보면 매우 무서운 세계예요. 세계의 다양한 종교에서 먹을거리가 중요한 의미를 갖는 것과도 관련되어 있어요. 스님들은 수행의 하나로 채식만 하고 음식도 적게 먹거나 때로 단식을 할 때에는 물만 마셔요. 2~3일의 짧은 단식도 있지만 더 긴 경우도 있어요.

음식을 먹는 것은 우리 몸을 만들고, 활동을 하게 하는 에너지의 근원입니다. 먹는 행위는 여러 감각을 깨워서 의식을 먹는 것에 집중시킵니다. 그래서 식사를 멈춘다는 것은 자동차로 말하면 고속으로 돌아가는 엔진에 점점 연료가 없어져서 기어를 넣지 않고 주행하는 상황이라고 할 수 있어요. 단식을 할 때 우리 몸이 이런 상태가 되는 것입니다.

종교적 수행으로 하는 단식은 안내자를 따라 여러 가지 프로그램에 참여하면서 안정된 상태를 유지할 수 있어요. 성공적으로 된다면 자기 자신을 움직이고 있는 에너지원이 끊기고 거기서 해방되어 감각적으로도 매우 맑고 민감해집니다. 먹는 것에 에너지와 의식이 집중되어 있던 것을 분리하면 일종의 딴 세상이 돼요. 보통의 상태가 촛불이 흔들리며 활발히 타고 있는 상태라고 한다면 식사를 멈춘 상태는 가늘게 빛을 유지하면서 차분한 상태예요. 이렇게 해서 종교적 수행에 필요한 특별한 정신 상태를 만드는 겁니다.

저도 단식 훈련을 1주간 한 적이 있어요. 먹는 행위를 멈추면 처음에는 식욕을 강하게 느끼고 매우 허기지지만 점점 단순해지면서 외부로부터의 자극이 줄어들고, 나 자신과 마주하며 자연과 교류하는 가운데 투명해지는 느낌이 듭니다. 그런 다음에 묽은 죽부터 먹기 시작하는데 처음 한 입은 생명의 한 방울이 온몸에 스며

먹는 것으로 자연의 일부가 되는 우리

드는 느낌이 들어요. 온몸의 세포가 반응하며 움직이는 것 같은 생명력을 느끼는 것입니다.

음식을 먹는 행위가 갖는 하나의 깊고도 멋진 세계를 느낄 수 있는 순간이지요.

먹지 않으면서 느끼는 세계라고요?

모순된 것 같지만 먹지 않고 느낄 수 있는 세계는 평상시의 먹는 생활이 있어야 가능해요. 그래야 단식에서 되돌아올 때에 생명의 힘을 느낄 수 있습니다. 다만 주의해야 할 점은 원래의 세계로 돌아오는 것이 어려워지는 경우도 있다는 거예요. 거식증이 그러한데 먹는 것을 멈추는 것은 해방된 상태이면서 동시에 생명을 갉아먹는 것이어서 어딘가에서 되돌리지 않으면 안 됩니다.

단식에서 가장 어려운 것은 회복입니다. 실패하는 경우는 대부분 회복할 때 주의하지 않기 때문이에요. 먹는 것을 멈췄다 다시 먹기 시작할 때에는 혼자서 모든 것을 조절하기가 매우 어려우니까 반드시 안내자가 필요해요. 에너지를 끊어서 엔진의 회전을 떨어뜨린 상태에서 다시 엔진을 켤 때에 잘 회전하도록 시동을 걸어 안정된 상태로 돌아가면 좋은데, 다시 먹기 시작해서 식욕이 생길 때 조절에 실패하면 과식을 하게 됩니다.

단식을 한 적은 없지만 과식은 자주 해요

단식은 아주 멋진 체험이 될 수도 있지만 음식을 먹는 행위가 갖는 무서운 부분도 보게 되기 때문에 쉽게 권할 수는 없어요. 맛있는 것이 언제나 주변에 널려 있는 현대 사회에서 식욕을 잘 조절하는 것은 매우 어려운 일이지요.

지금까지 평소에 의식하기 힘든 먹을거리, 음식을 먹는 행위에 대해 살펴봤는데 끝으로 한 가지 더 관점이 다른 이야기를 해 볼게요. 먹을거리와 조금 거리가 있는 이야기 같지만 깊은 곳에서는 이어져 있는 이야기예요.

심층 심리라는 말을 들어 본 적 있나요? 평소에는 의식하지 않는, 겉으로 드러나지 않는 감춰진 잠재의식이라는 것이 있어요. 여러분이 지금 각자의 자리에서 보고 인식하는 세계는 빙산의 일각으로 아주 작은 부분이에요. 보이지 않는 깊은 부분에 여러 가지 것들이 축적되어 있지요. 바꿔 말하면 말에도 습관에도 먹을거리에도 미각에도 의식적으로 다 인식하지 못하는 많은 것들이 깊숙이 축적되어 나를 이루고 있습니다.

여기서 상상력을 조금 더 작동시켜 보면 나라는 존재의 깊숙이에는 줄곧 이어져 온 인간 역사의 축적이 있다고 생각할 수도 있

먹는 것으로 자연의 일부가 되는 우리

어요. 더 거슬러 올라가 보면 지금 살아 있는 생명은 태초의 생명의 탄생부터 셀 수 없이 많은 생명의 이어짐 속에서 생겨난 것이라는 사실을 알 수 있어요. 더 거슬러 올라가면 물질의 순환에 의한 우주의 여러 현상들 속에서 지구가 탄생한 엄청나게 큰 세계로 이어지는 거예요. 그런 가운데 아주 우연하게 지금 여기에 여러분이 있는 것이지요.

엄청난 스케일의 이야기지만 알 것도 같아요

너무 넓은 이야기라고 생각할 수도 있지만 여러분 자신을 여러 각도에서 다시 들여다보고 과거, 현재, 미래에 대해 생각을 펼쳐 보면 여러분이 사는 세계는 전부 이어져 있다는 것을 알 수 있을 거예요.

그것은 먹을거리의 세계에서도 마찬가지입니다. 제1장에서 먹는 것을 통해 끝없는 우주와 이어져 있다는 이야기를 했는데 기억하나요? 인간은 먹는 것으로 자연의 순환의 일부가 되어 있어요. 우리는 매일의 생활에서 먹는 행위를 반복하지만 평소에는 보이지 않는, 또는 의식하지 않는 먹을거리의 깊숙한 세계를 들여다보면 단순하게 '물질=영양'으로서의 측면만이 아니라 생명의 이어짐 안에서 나 자신이 있다는 것을 알 수 있어요. 그런 숨어 있는 세계를 생각해 보는 것으로 지금 보이는 세계가 여러 겹의 깊은 세계에 의해 만들어졌다는 것을 알 수 있습니다.

먹는 것으로 자연의 일부가 되는 우리

저 많은 돼지고기는 어디서 왔을까?

초판 1쇄 발행 2022년 6월 15일
초판 4쇄 발행 2023년 11월 10일

지은이 후루사와 고유
옮긴이 형진의
그린이 신병근, 선주리
펴낸이 이수미
편집 김연희
북 디자인 신병근, 선주리
마케팅 김영란

종이 세종페이퍼   인쇄 두성피엔엘   유통 신영북스

펴낸곳 나무를 심는 사람들
출판신고 2013년 1월 7일 제2013-000004호
주소 서울시 용산구 서빙고로 35 103동 804호
전화 02-3141-2233   팩스 02-3141-2257
이메일 nasimsabooks@naver.com
블로그 blog.naver.com/nasimsabooks

ISBN 979-11-90275-71-2 (44300)
979-11-86361-59-7 (세트)